Gerd Wolfgang Sievers

Das Kärntner Fischkochbuch

VERLAG johannes heyn
www.verlagheyn.at

Inhalt

Seit jeher liebe ich das wunderschöne Kärnten mit seiner vielfältigen Küche, die von einfachsten Speisen der (ehemaligen) Holzfäller und Almer über einzigartige Käse- und Speckspezialitäten bis hin zu herzhaften bürgerlichen Rezepten und den fantasievollen Gerichten der Haubenküche eine beinahe unglaubliche Bandbreite an unterschiedlichster Kulinarik anbietet. Und bereits bei den Recherchearbeiten zum Buch »Genussland Österreich« beschloss ich, dieses faszinierende Land mit seiner großartigen Küche möglichst umfassend zu erkunden.

Schließlich lernte ich anlässlich einer Buchpräsentation den Verleger Achim Zechner kennen. Wir verstanden uns auf Anhieb und er erzählte mir davon, dass er gerne ein Buch über den Kärntner Fisch machen würde. Ich war von der Idee sogleich begeistert, wusste ich doch um die herausragende Qualität der Kärntner Fische, um ihre Artenvielfalt und nicht zuletzt auch um die ausgezeichnete Kärntner Fischküche, die von einfachen »süßsauer eingelegten Weißfischen« über »in Sterzmehl gebratenen Forellen« und »im Ganzen gebratenen Reinanken« bis hin zu Räucherfischen, Kaviar und edelsten Speisekreationen alles anbietet, was der Freund von Süßwasserfischen so liebt. Ja, sogar mit köstlichen Flusskrebsen aus Wildfang(!) und dem einzigartig schmeckenden Huchen ist dieses kulinarische Wunderland gesegnet. Und längst sind auch die traditionellen Kärntna Låxn, die eigentlich Seeforellen sind, weit über die Landesgrenzen hinaus bekannt und eine beurkundete »Genuss Region« in Österreich.

Denkt man dann noch an all die Spezialitäten und Delikatessen, die aus den Kärntner Fischen erzeugt werden und nicht zuletzt natürlich auch an all die traumhaften Rezepte der Kärntner KöchInnen, so war es genau genommen längst an der Zeit, ein solches Buch zu verfassen. Dieser Meinung waren nicht nur der Verleger Achim Zechner und ich, sondern auch der weit über Kärntens Landesgrenzen hinaus bekannte Fotograf Ferdinand Neumüller sowie der Lektor und Grafiker Jürgen Ehrmann. Das Team war gefunden, womit dem Buchprojekt nichts mehr im Wege stand.

Bereits kurz nach den Vorrecherchen stellte sich heraus, dass es ein besonderes Buch werden musste. Und dennoch kann auch ein »Prachtband« immer nur einen Überblick verschaffen und letztlich nur eine Auswahl an Rezepten und Lokalen vorstellen. Ich denke, dass die in diesem Buch vorgestellten Rezepte, Betriebe und Lokale die vielfältige Fischküche des Landes Kärnten in angemessener Form repräsentieren.

Das Grundprodukt und sein Eigengeschmack sind für mich das Wichtigste am Teller und ich möchte diesen so puristisch wie möglich wiedergeben, sodass sich der Genießer voll und ganz auf das Aroma und den Geschmack einer Speise konzentrieren kann. Neben der Verwendung heimischer Lebensmittel legte ich auch großen Wert auf die traditionellen Regionalrezepte als Quelle meiner Inspiration. Wichtig war mir dabei nicht zuletzt auch eine gute »Nachkochbarkeit« der Gerichte.

So verbleibt mir nur noch Ihnen, verehrte Leserschaft, viel Vergnügen beim Lesen und einen guten Appetit beim Genießen der Köstlichkeiten zu wünschen.

Herzlichst, Ihr

Wien, im Juli 2010

Wo der Fisch in Kärnten wohnt

Impressionen von Kärntner Fischgewässern

Millstätter See

Wörthersee

Fliegenfischer am Wörthersee

Drau-Stausee

Fliegenfischer in der Vellach

Weißensee

Schwarzsee

Tscheppaschlucht

Völkermarkter Stausee

Afritzer See

Möll

Grünsee

Warenkunde Fisch und Co.

Barsch

Aalrutte/Aalquappe/Trüsche

Dieser »Süßwasser-Dorsch« ist in Kärnten nicht so häufig wie in anderen österreichischen Gegenden, obwohl die Aalrutte kühle, klare Fließgewässer bevorzugt und in Höhen bis 1200 Meter vorzufinden ist. Sie ernährt sich hauptsächlich von kleinen Bodentieren, Fischlaich und Fischbrut. Bei Feinschmeckern ist vor allem ihre übergroße Leber beliebt, aber auch ihr Fleisch schmeckt ausgezeichnet und ist sehr aromatisch. Am besten gart man den Fisch samt Leber einfach nur in Butter, bis er schön durchgebraten ist – das ist wichtig, weil der Fisch (und vor allem die Leber) zuweilen von Parasiten befallen sein kann. Aber auch geräuchert schmeckt die Trüsche sensationell.

Alpenlachs

Dabei handelt es sich um keine eigene Fischart, sondern um den sogenannten Eismeersaibling, der in den kalten Gewässern der Alpen gezüchtet und mit dem Namen »Alpenlachs« vermarktet wird. Er hat schönes rot gefärbtes und festes Fleisch, das recht aromatisch schmeckt. Insbesondere als Räucherware kann er überzeugen.

Äsche

Äschen sind nicht nur für Fliegenfischer ein besonderer Fang, sondern auch für Feinschmecker. Das feste und magere Fleisch ist hocharomatisch und duftet nach Thymian (daher auch der lateinische Name *thymallus*). Äschen findet man vor allem in Gebirgsbächen und Flüssen; sie werden bis zu 60 Zentimeter lang. Um den feinen Geschmack nicht zu zerstören, sollten sie nur ganz schonend zubereitet werden; in Butter gebraten beispielsweise oder auch gedämpft, pochiert oder in Folie gegart. Leider findet man diese Delikatesse nur höchst selten auf Märkten.

Barsch/Flussbarsch

Der Flussbarsch liebt fließende und stehende Gewässer gleichermaßen, wo er sich von wirbellosen Tieren, Fischlaich und kleineren Fischen ernährt. Er kann 40 Zentimeter lang und drei Kilogramm schwer werden. Sein eher mageres Fleisch ist hocharomatisch. Barsche werden gerne im Ganzen gegrillt oder filetiert und in Butter gebraten (ein sensationeller Schmaus!). Sein Fleisch harmoniert vor allem mit Pilzen, Röstgemüse und Kürbis wunderbar. Trotz seines feinen Aromas führt er in der feinen Küche – vollkommen zu Unrecht – immer noch ein Stiefmütterchendasein.

Brachse

Brachsen sind nicht gerade die populärsten Süßwasserfische, wohl weil sie über sehr viele Gräten verfügen. Dennoch ist ihr Fleisch sehr aromatisch und eignet sich besonders zum Grillen oder Braten. Wenn man die Haut in kleinen Abständen schröpft, können die kleinen Gräten einfach mitgegessen werden. Übrigens: Brachsen schmecken auch ausgezeichnet als – mit Wacholder verfeinerter – Räucherfisch.

Döbel

Forelle

Döbel/Aitel

Döbel leben in schnell fließenden Gewässern und ernähren sich von Würmern, Kleinkrebsen, Insekten und Fröschen. Sie können bis 60 Zentimeter lang und vier Kilogramm schwer werden und gelten als ausgezeichnete Steckerlfische. Doch wenn man sich die Mühe macht und die vielen Gräten entfernt, sind sie auch hervorragende Speisefische und eignen sich für alle möglichen Zubereitungen in der Küche. Vor allem frittiert können sie geschmacklich überzeugen.

Goldforelle

Es handelt sich um eine besonders schön gefärbte Regenbogenforelle, die vor allem wegen ihres gelbgold gefärbten Kaviars hoch geschätzt wird.

Flusskrebse

Als ausgesprochenes Armeleuteessen erfreuten sich die Flusskrebse bis Mitte des 19. Jahrhunderts bei Feinschmeckern nicht gerade großer Beliebtheit. Dann kam die große Krebspest, der beinahe der gesamte europäische Bestand zum Opfer fiel. Daraufhin wurde der amerikanische Signalkrebs bei uns ausgesetzt, der heute bei Weitem der verbreitetste Krebs ist – auch, weil er gegen die Krebspest resistent ist. In Kärnten gibt es eine eigene autochthone Gattung, die als der »Blaue Kärntner Flusskrebs« bekannt ist. Neben dieser Gattung wird auch versucht, andere heimische Krebsarten wieder aufzuzüchten, wie zum Beispiel den großen – und daher von Feinschmeckern besonders geliebten – Edelkrebs, der auch Solokrebs genannt wird. Edelkrebse schmecken besonders fein und verfügen über einen relativ hohen Fleischanteil, sind aber (leider) entsprechend selten und im Handel kaum erhältlich.

So sind die meisten Krebse in den Kärntner Lokalen Signalkrebse, die aber aus den sauberen heimischen Gewässern gefischt wurden. Einige wenige Lokale bieten auch Kärntner Krebse und Edelkrebse an, doch die Quellen für diese sind streng geheim – außer die Betriebe züchten selber, was zuweilen der Fall ist. Am besten schmecken die Flusskrebse, wenn sie lebendfrisch in einem Sud aus Wasser, Salz, Lorbeer, Petersilie (und/oder Dille) sowie Kümmel gekocht wurden und zusammen mit Schnittlauchbroten serviert werden.

Forelle

Auch alle Arten von Forellen zählen zu den lachsartigen Fischen, den sogenannten Salmoniden. Neben der Seeforelle, die in Kärnten als »Kärntna Låxn« zur Berühmtheit werden konnte, findet man heute vor allem die aus den USA stammenden Regenbogenforellen, die 70 Zentimeter lang und sieben Kilogramm schwer werden können, sowie die heimischen bis zu 40 Zentimeter langen Bachforellen in Kärntens Gewässern. Fast alle marktüblichen Forellen sind Regenbogenforellen, weil diese am wirtschaftlichsten sind. Aus Wildfang und ganz speziellen Fischfarmen stammen hingegen die von Feinschmeckern wesentlich hochwertiger eingestuften Bachforellen. Leider sind

Hecht

Huchen

viele Zuchtforellen nicht mehr als preislich billiger Konsumfisch, doch wenn sie aus den klaren Gewässern Kärntens stammen (vielleicht sogar aus Wildfang), dann hat man eine der erlesensten Delikatessen am Teller, die man sich vorstellen kann. Am besten schmecken übrigens Portionsfische, die nicht mehr als 350 Gramm wiegen.

In der Küche ist die Forelle wohl einer der vielseitigsten Fische, da man sie auf alle nur erdenklichen Arten zubereiten kann. Klassisch sind jedoch Forelle blau, Forelle »Müllerin«, gebackene Forelle (oder Forellenfilets) oder Forelle in der Folie. Aber auch Räucherforellen, Räucherforellenmousse, Forellenkaviar oder Forellen-Carpaccio werden geschätzt. Eine besondere Spezialität Kärntens ist die mit Sterzmehl (Polenta/Maisgrieß) gebratene Forelle.

Hecht

Kaum ein Fisch steht so für die Kärntner Fischküche, wie der Hecht, der bereits im Mittelalter ein hoch begehrter Gast auf den Tafeln war und über den Lobeshymnen aller Art verfasst worden sind. Besonders die kleineren Exemplare von ein bis drei Kilogramm sind begehrte Delikatessen, denn das schneeweiße, feste und magere Fleisch ist ganz besonders aromatisch. In den Gebirgsregionen ist der Hecht bis zu einer Höhe von 1500 Meter anzutreffen. Er liebt ruhige, klare Gewässer mit Kiesgrund, wo er sich von Fischen aller Art – sogar Artgenossen – ernährt und bis zu 1½ Meter lang werden kann; Exemplare mit 30 bis 35 Kilogramm sind keine Seltenheit.

Leider verfügt der Fisch über viele unangenehme Gräten, die vor allem für Menschen, die selten Fisch essen, störend sind. Wenn man den ganzen Hecht zum Beispiel zum Füllen vorbereitet oder ihn filetiert, so müssen diese Gabelgräten einzeln herausgezogen werden, um den Genuss nicht zu trüben. Hechtklößchen, Speckhecht oder gefüllte Hechtkoteletts gelten als Klassiker der guten Küche.

Huchen

Der Huchen, auch Donaulachs genannt, ist aufgrund seines lang gestreckten Körperbaus wahrscheinlich der eleganteste aller Salmoniden und wird zudem von den Gourmets als der beste aus dieser Fischfamilie gehandelt. Vor allem in der sauberen Drau hat er ein einzigartiges Refugium gefunden und kommt dort noch recht häufig vor. Doch in der Küche werden hauptsächlich Fische aus Zuchten verarbeitet, obwohl der Huchen kühle, schnell fließende Gewässer mit Kiesgrund bevorzugt. Er ernährt sich von Fischen und Krebstieren aller Art und wird bis zu 1½ Meter lang.

Huchen können auf vielfältige Art zubereitet werden, doch sind sich die meisten Köche darin einig, dass dies schonend zu erfolgen hat, damit der feine Geschmack des Fischs bewahrt wird. Ein Huchenfilet auf der Haut in Butter gebraten gehört zu den geschmacklichen Highlights der Süßwasserfischküche.

Kärntna Låxn

Karpfen

Kärntna Låxn

Beim »Kärntna Låxn« handelt es sich nicht um eine eigene Fischart, sondern um die Seeforelle, die sich durch einen silbrigen Körper mit x-förmigen schwarzen Punkten auszeichnet und zu den sogenannten Salmoniden zählt. Fänge mit über 20 Kilogramm und 1¼ Meter Länge sind keine Seltenheit. Früher war sie der Hauptfisch einiger Kärntner Seen und wurde von den heimischen Fischern als »Låxn« bezeichnet. Bereits im 14. Jahrhundert wurde dieser Fisch aus Oberkärnten an den kaiserlichen Hof nach Wien geliefert, wo rege Nachfrage nach dieser Spezialität herrschte.

Das langsame Aufwachsen in sauberem Gebirgswasser bei niedriger Temperatur garantiert beste Fleischqualität. Durch eine geringe Besatzdichte haben die nur in Naturteichen aufgezogenen Fische ein natürliches Sauerstoffangebot. Die Aufzucht wird dem natürlichen Verhalten und den Ansprüchen der Fischart angepasst. Gentechnik und Biotechnologie werden nicht eingesetzt. Selbstverständlich unterstehen Wasser, Hygiene und Besatz einer ständigen Kontrolle. Wegen des hohen Qualitätsstandards wurde die »Genuss Region Kärntna Låxn« ausgezeichnet.

Karpfen

Oftmals als Armeleuteessen verschmäht, erfreut sich der Karpfen heute vollkommen zurecht größter Beliebtheit und ist einer der schmackhaftesten und begehrtesten Speisefische, die man überhaupt genießen kann. Vor allem wenn er aus den überaus sauberen Gewässern der Kärntner Seen oder aus Teichwirtschaften, die mit diesem Wasser arbeiten, stammt, ist er eine ausgesprochene Delikatesse.

Es gibt viele unterschiedliche Karpfenarten. Die Stammform ist der sogenannte Schuppenkarpfen mit einem regelmäßigen Schuppenkleid; nach der Art der Beschuppung werden weiter unterschieden: Spiegelkarpfen (mit wenigen, unregelmäßig verteilten, großen Schuppen; ist der traditionelle Weihnachtskarpfen), Zeilkarpfen (mit einer Reihe von großen Schuppen entlang der Seitenlinie), Lederkarpfen (ohne oder mit nur ganz wenigen Schuppen; auch Nacktkarpfen genannt).

Ein wild lebender Karpfen kann bis zu einem Meter lang werden und 30 Kilogramm wiegen. Am besten schmecken Karpfen mit einem Schlachtgewicht von ca. zwei Kilogramm. Das Fleisch der Wildkarpfen ist herzhaft aromatisch, das der Zuchtkarpfen weit weniger, aber dennoch beliebter.

Egal, ob Karpfen im Ganzen oder als Filets zubereitet werden, man sollte den Fisch in Abständen von einem halben bis zu einem Zentimeter schröpfen, damit die kleinen Zwischengräten nach dem Garen verzehrbar sind.

Karpfenbeusch(e)l

Unter Karpfenbeuschl versteht man die essbaren Innereien vom Karpfen, wie zum Beispiel Rogen (Eier), Leber, Karpfenmilch und anderes. Aus dem Karpfenbeuschl wird vor allem eine aromatische Suppe hergestellt, aber auch Kleingerichte und Soßen.

Renke/R(h)einanke

Karpfenmilch

Dabei handelt es sich um das Sperma der männlichen Fische, das als absolute Delikatesse gehandelt wird. Karpfenmilch wird als Einlage für Fischsuppen verwendet, gebacken, in Butter gebraten mit einer Soße serviert oder dient als Zutat für feine Soßen.

Kaviar/Rogen

Nicht nur die Eier des Störs, sondern auch die von Saibling, Forelle, Goldforelle, Renke, Huchen und vielen anderen Fischen werden (meist mit Salz und Zitronensaft) zu Kaviar verarbeitet und gelten in der Feinschmeckerwelt als Delikatesse. Am berühmtesten ist natürlich der Störkaviar, doch der Saiblingskaviar der Familie Sicher (siehe Seite 264) oder der Goldforellenkaviar von »Bachmann's Lachsräucherei« (siehe Seite 62) stehen in puncto Geschmack und Qualität absolut auf gleicher Höhe – und wenn man die besonders gute Wasserqualität der Kärntner Flüsse und Seen bedenkt, so sind sie wahrscheinlich sogar als »hochwertig« zu bezeichnen.

Nase

Nasen leben als Schwarmfische in Bodennähe fließender Gewässer, wo sie sich von Algen und kleinen Bodentieren ernähren. Immerhin können diese Fische 50 Zentimeter lang werden und mehr als ein Kilogramm wiegen. Sie werden vor allem für Fischsuppen verwendet oder süßsauer eingelegt. Wenn man sich die Mühe macht und die vielen Gräten entfernt, sind sie ausgezeichnete Speisefische, die vor allem gebraten gut schmecken.

Renke/R(h)einanke

Renken gehören, wie alle Coregonen, zu den wichtigsten Speisefischen überhaupt und sind in vielen Gewässern Kärntens zu finden, wo sie – insbesondere als Wildfisch – mit ihrem köstlichen Geschmack begeistern. Vor allem der Millstätter See hat sich als ein Dorado für Renkenfreunde etablieren können. Am besten schmecken sie als Portionsfisch von bis zu maximal 500 Gramm, können aber bis zu 80 Zentimeter lang werden. Renken können roh als Carpaccio oder roh mariniert genossen werden, eignen sich zum Braten, Backen, Frittieren, schmecken als Grill- oder Räucherfisch sensationell und werden filetiert zu feinsten Gerichten der Haubenküche geadelt.

Rotfeder

Die Rotfeder ist eine der wenigen Weißfischarten, die es geschafft haben, sich auch in der feinen Küche zu etablieren; wenngleich aufgrund ihres Grätenreichtums recht selten. Rotfedern ernähren sich von Pflanzen und Kleintieren und werden etwa 30 Zentimeter lang. Sie werden gerne als Steckerlfisch zubereitet. Ihr Fleisch schmeckt aber auch paniert und gebacken, in Suppen oder süßsauer eingelegt wunderbar – dafür sollte man die Fische filetieren und das Fleisch mehrmals schröpfen, um die Gräten mitessen zu können.

Saibling

Schleie

Saibling

Grundsätzlich unterscheidet man zwischen den aus den USA importierten Bachsaiblingen (die bereits 1884 in Europa ausgesetzt wurden) und den heimischen Seesaiblingen, die im Alpenraum bis zu einer Höhe von 2000 Meter zu finden sind, wo sie bevorzugt in tiefen Seen leben. Beide sind heute nur mehr selten als Wildfisch zu erhalten; doch aus den zahlreichen Fischfarmen, die mit hochwertigstem Quellwasser arbeiten, ist wirklich ausgezeichnete Qualität gewährleistet. Der Bachsaibling stellt übrigens besonders hohe Ansprüche an die Wasserqualität, weshalb er in vielen Fischfarmen von der ertragreicheren Regenbogenforelle abgelöst wurde.

Saiblinge sind sehr begehrte Speisefische, denn ihr zartrosa Fleisch ist fest und schmackhaft. Ein Fisch, der sowohl für deftig-herzhafte wie auch feinste Garmethoden geeignet ist. Er wird bevorzugt roh mariniert genossen, aber auch pochiert, gebraten oder mit feinen Soßen kombiniert.

Schleie

Ohne Zweifel gehören Schleien zu den schmackhaftesten Speisefischen überhaupt. Sie lieben stehende oder langsam fließende Gewässer mit gutem Pflanzenbestand und Schlammgrund und ernähren sich von Plankton und kleinen Bodentieren, werden bis zu 60 Zentimeter lang und können sieben Kilogramm auf die Waage bringen. In der Küche bevorzugt man Exemplare mit ein bis zwei Kilogramm. Aufgrund des aromatischen Fleisches werden Schleien gerne für herzhafte und deftige Gerichte genommen, wie etwa Suppen, Eintöpfe und Ragouts; aber auch zum Braten und Grillen werden sie verwendet. Insbesondere in Salzkruste gegart schmecken sie wunderbar.

Seeforelle

Seeforellen lieben große, tiefe Seen und sind daher vor allem im Millstätter See die ursprünglichste Salmonidenart; sie werden bis zu 1 ½ Meter lang. Das Ablaichen erfolgt zumeist in den Zuflüssen, weshalb sie zur Laichzeit wandern. Vor allem in der Zeit vor dem Ersten Weltkrieg war die Seeforelle der wichtigste Nutzfisch aus dem Millstätter See – mehr als eine Tonne pro Jahr wurden gefischt. So standen noch um 1930 die Bauern im Gegendtal (zwischen Feld am See und Radenthein) entlang der Bäche und warteten auf den Sprung der Kärntna Låxn; die zum Teil gewaltigen Fische brachten 15 Kilogramm und mehr auf die Waage und sorgten für ein ordentliches Festessen.

Küchentechnisch gesehen können Seeforellen für jede beliebige Zubereitungsform verwendet werden, schmecken aber roh mariniert und gebraten ganz besonders gut. Bei entsprechender Fütterung (zum Beispiel mit Bachflohkrebsen) wird ihr Fleisch übrigens genauso rot wie das der Lachse, weshalb man dann von Lachsforellen spricht.

Stör

Stör

Noch vor hundert Jahren war der Stör aufgrund seines zahlreichen Vorkommens ein Armeleute-essen. Das hat sich grundlegend geändert, vor allem wegen des edlen Kaviars ging es vielen Störarten an den Kragen. Heute erhält man den schmackhaften Speisefisch fast nur noch aus Teichwirtschaften. Doch das muss kein Nachteil sein, denn hier frisst er kontrolliert und lebt in saubersten Gewässern, was die Qualität von Fischfleisch und Kaviar gleichermaßen positiv beeinflusst. Obwohl der Stör bis zu sechs Meter lang und 200 Kilogramm schwer werden kann, erreicht er diese Größe nur selten. In der Küche werden bevorzugt Tiere mit ein bis zwei Meter verarbeitet. Vor allem gegrillt oder in Butter gebraten schmeckt sein Fleisch sensationell, aber auch in Wurzelsud pochiert kann es voll und ganz überzeugen. Eine überaus delikate, aber auch sehr seltene Delikatesse ist der geräucherte Stör.

Teichmuscheln

Alle Arten von Süßwasser- und Teichmuscheln stehen in Kärnten unter strengem Naturschutz und dürfen daher nicht gesammelt werden.

Waller/Wels

Der Wels oder Waller liebt ganz besonders die wärmeren Gewässer und ernährt sich dort als gefräßiger Raubfisch bevorzugt von Fischen aller Art, Fröschen und sogar Wasservögeln und Kleinsäugern. Er kann bis zu drei Meter lang und 150 Kilogramm schwer werden. Fische, die in der Küche verarbeitet werden, stammen allerdings zumeist aus Teichwirtschaften, weil er wild lebend – aufgrund seiner Fresslust – als »unwirtschaftlich« gilt.

Kulinarisch am wertvollsten sind Fische bis zu einem Gewicht von drei Kilogramm. Aufgrund des relativ hohen Fettgehalts ist er vor allem als Räucherware eine Delikatesse. Das feste, aromatische Fleisch kann auf jede beliebige Art zubereitet werden und harmoniert besonders gut mit Wurzelgemüsen, Kren, Erdäpfeln, Essig und Pilzen.

Zander

Unbestritten ist dieser Raubfisch eine der edelsten Delikatessen, die im Süßwasser zu finden sind. Er lebt am liebsten in wärmeren und größeren Flüssen, Stauseen und Seen, wo er sich von Kleinfischen ernährt. Am besten schmeckt er mit einem Gewicht von etwa 1½ Kilogramm und eignet sich dann für beinahe alle Zubereitungsarten. Im Allgemeinen wird der magere Speisefisch mit dem feinen Aroma im Ganzen zubereitet oder in Filets geschnitten und auf der Haut gebraten. Er harmoniert in der Küche auch mit kräftigen Aromen wie Knoblauch, Paprika »rosenscharf«, Sauerkraut oder Linsen.

Kärntner Fischereibetriebe und ihre Produkte

Grundlage der hohen Qualität der Kärntner Fische ist – wie bereits angesprochen – die außergewöhnliche Wasserqualität, die man in Kärnten vorfindet, allerdings auch die Umsicht, Erfahrung und das Qualitätsdenken der Fischereibetriebe und Fischzuchten. Das schöne an den Kärntner Fischereibetrieben ist, dass die meisten von ihnen nicht nur fangfrische (oder küchenfertig vorbereitete) Fische (bzw. Fischfilets), sondern die schmackhaften Kärntner Fische auch frisch zubereitet vor Ort anbieten. Einige der Betriebe haben sich wiederum auf das Veredeln, Räuchern und/oder Konservieren konzentriert und erzeugen einzigartige Delikatessen; die Palette reicht von verschiedensten Kaviarsorten über Räucherwaren bis hin zu marinierten und eingelegten Spezialitäten.

Hier nun eine Auswahl der (meiner Meinung nach) wichtigsten Fischzuchten und Fischveredelungsbetriebe mit ihren Spezialitäten und Gourmandisen.

Fischerei Müller am Weißensee

Mag. Martin Müller ist kein reiner Berufsfischer, sondern ein Visionär, der die These vertritt, dass man Angelfischerei, Berufsfischerei und Fischökologie nicht trennen, sondern vereinen sollte. Den Begriff »Fischökologie« darf man seiner Meinung nach nicht für fadenscheinige Interessen missbrauchen, sondern muss ihn leben. Das bedeutet auch den Lebewesen den nötigen Respekt entgegenzubringen und schließlich den Endverbraucher durch Qualität und echten Geschmack davon zu überzeugen, dass dieser Weg der richtige ist.

Die Marke »weissen-see-fisch« steht für eine ganzheitliche Gewässerbewirtschaftung: Angelfischerei, Netzfischerei, Fischvermarktung, Fischzucht, wissenschaftliche Untersuchungen. Weil es Freude bereitet und eine große Herausforderung ist. Das Ziel ist die Schaffung eines seetypenspezifischen Fischbestandes durch eine ökologisch vertretbare Bewirtschaftung. Aber auch die besten Räucherfische zu produzieren und den für Kärnten so typischen »sauren Fisch« weiter zu perfektionieren.

Neben erstklassigen Frischfischen können im stilvollen Fischereihaus bei Martin Müller wunderbare heiß geräucherte Fische (hier bevorzugt er vor allem Reinanken, aber auch Saiblinge, Seeforellen und Karpfen), kalt geräucherte Fische (hier ist für Martin Müller die Seeforelle der perfekte Fisch, aber auch Reinanken und Karpfen), gebeizte (Seeforellen, Reinanke und Saibling) und schließlich sauer eingelegte Fische (Karpfen, Reinanke und Seeforelle) bezogen werden. Es versteht sich von selbst, dass alle Fischprodukte in reiner Handarbeit hergestellt werden und höchsten Qualitätsansprüchen genügen.

weissen-see-fisch
Fischereibetrieb
Mag. Martin Müller
Neusach 106
A-9762 Weißensee
Tel.: +43 4713 213 05
E-Mail: weissenseefisch@aon.at

Fischzucht Zerza

Idyllisch inmitten des Gailtals gelegen ist der Betrieb eine der urigsten Fischzuchten Kärntens. Hier gedeihen im kristallklaren Kärntner Quellwasser vor allem Forellen und Saiblinge, die selbst geangelt werden dürfen oder aber als Frischfisch erworben werden können.

Doch der von der Familie Trojer geleitete Betrieb ist mehr als nur eine Fischzucht. Denn neben einem kleinen Handwerksmuseum und einem Hofladen mit regionalen Produkten gibt es hier auch ein uriges Fischrestaurant, in dem Köstlichkeiten wie süßsauer marinierte Räucherforelle, herzhafte Fischsuppe, Räucherforellen-Toast oder Fische in Sterzmehl gebraten (die Spezialität des Hauses!) aufgetischt werden.

Kurzum, hier lässt sich in der unvergleichlichen Naturarena Kärntens sehr gut frischester Fisch genießen!

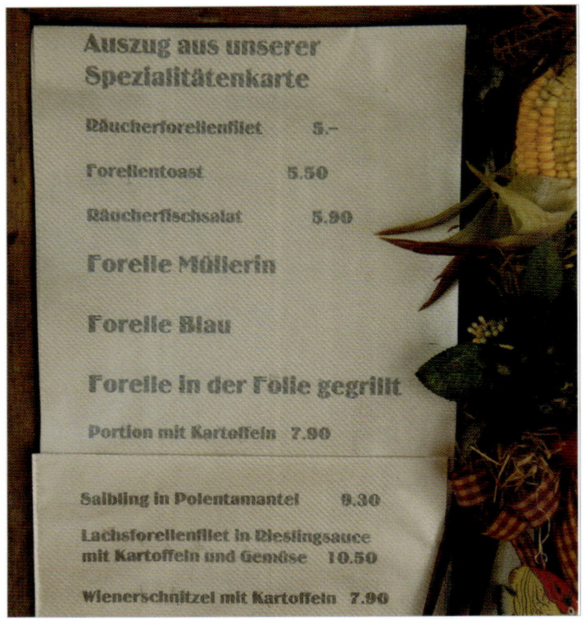

Zerza Fische Familie Trojer
Anraun 2, A-9631 Waidegg
Tel.: +43 4284 414

Süßsauer marinierte Räucherforelle

Zutaten pro Portion

1 Räucherforellenfilet
¼ Zwiebel
fein gehackte Petersilie
etwas Zitronensaft
Olivenöl extra vergine
Salz, Pfeffer aus der Mühle

Zitronenscheiben, Zwiebelringe,
Petersilie zur Dekoration
Weißbrot als Beilage

Zubereitung

Das Forellenfilet in große Stücke teilen und in eine Schale oder auf einem Vorspeisteller anrichten. Aus Olivenöl, Zitronensaft, Pfeffer und Salz eine Marinade rühren und über den Fisch gießen. Mit Zitronenscheiben und Zwiebelringen belegen, Petersilie darüberstreuen und mit Weißbrot servieren.

Räucherforellen-Toast

(nach einem Rezept der Fischzucht Zerza, bearbeitet vom Autor)

Zutaten pro Portion

2 Räucherforellenfilets
junger Bergkäse zum Gratinieren
1 größere Scheibe Graubrot
oder Schwarzbrot
Butter
gehackte Petersilie
gehackter Schnittlauch
Pfeffer aus der Mühle

Zubereitung

Das Graubrot leicht toasten, dann auf einer Seite mit Butter bestreichen. Die beiden Forellenfilets dekorativ auf der Butterseite anrichten und mit gehackter Petersilie und Pfeffer aus der Mühle würzen.

Den Fisch großzügig mit in dünne Scheiben geschnittenem (oder auch geraspeltem) Käse belegen und unter dem Grill des Backofens (oder unter einem Salamander) gratinieren. Mit Schnittlauch bestreuen, frischen Pfeffer darübermahlen und sofort servieren.

Forelle oder Saibling in Sterzmehl gebraten

Die Zubereitung ist denkbar einfach und eignet sich sowohl für Fischfilets als auch für Fische im Ganzen.

Zutaten pro Portion

1 fangfrische Forelle oder Saibling bzw. 2 Forellen- oder Saiblingsfilets

Salz

etwas Zitronensaft

Sterzmehl (Polenta/Maisgrieß)

Schmalz oder Öl

Salat und Petersilerdäpfel als Beilage

Zubereitung

Fisch salzen und mit etwas Zitronensaft beträufeln. Rundherum in Sterzmehl wenden, überschüssigen Grieß abschütteln und den Fisch in heißem Schmalz knusprig goldbraun backen. Fertigen Fisch abtropfen lassen, danach sofort mit Salat oder Petersilerdäpfeln auftischen.

Wilder Fisch

Wilder Fisch GmbH
Süduferweg 134
A-9871 Seeboden
www.wilderfisch.at

»Wilder Fisch« bedeutet fangfrischer Süßwasserfisch in herausragender Qualität. Hauptsächlich entstammen die nach traditionellen Fangmethoden (Netz) gefischten Reinanken, Barsche, Schleien und Hechte aus dem Millstätter See mit seiner hervorragenden Wasserqualität. Ohne Futterzugaben oder Medikamente kommt er von hier aus direkt in den Handel. Im Sinne der Nachhaltigkeit wird auch dafür gesorgt, dass nur eine entsprechende Menge Fisch entnommen und das Gewässer auf keinen Fall leergefischt wird.

Alpenlachs

Aufgrund Ihrer ursprünglichen Herkunft – dem Eismeer – benötigen Alpenlachse bzw. Eismeersaiblinge sehr kaltes, klares Wasser um sich rundum wohlzufühlen. Vorbildhaft für Europa ist das Kärntner Wasser. Denn kaum anderswo als hier findet man vergleichbar gute Wassereigenschaften in Quantität und Qualität. Rein und kalt tritt es als Quellwasser unserer oft bis zu 3000 Meter hohen Berge aus. Nur in diesem Millieu kann man die wertvollsten Fische Europas züchten. Kärnten ist eines der wichtigsten Gebiete für die Aufzucht hochwertiger Alpenlachse.

Die modernste, ökologisch ausgerichtete Zuchtanlage befindet sich im Mölltal (Oberkärnten) – eine Anlage, bei der die Gewässergüteklasse des Freigewässers durch die Aufzucht der Fische nicht verschlechtert wird. In zwölf oktagonen Holzbecken können 25 bis 30 Tonnen Fische mit biozertifiziertem Lachs- und Forellenfutter aus Österreich naturnah zur Speisereife heranwachsen. Die Beckenform, die Größe und das Wasservolumen sind so beschaffen, dass die Fische konstant bewegt werden. Festes Muskelfleisch und hohe Anteile an wertvollen Omega-3-Fettsäuren im Fischfilet sind das von europäischen Spitzenköchen hochgeschätzte Ergebnis.

Völlig frisch werden die Filets kurzzeitig nur in Salz und Wasser gebeizt, denn der nussige Geschmack soll beim Räuchern erhalten bleiben. Deshalb erfolgt die Räucherung nur ganz kurze Zeit bei äußerst niedrigen Temperaturen. Traditionell sind alle Produktionsschritte Handarbeit. So kann der Konsument absolut sicher sein, dass alle notwendigen Arbeitsschritte für die Veredelung in der Region durchgeführt werden, wo der Fisch auch tatsächlich herkommt.

Alpenlachs Soravia GmbH
Thomas-Klestil-Platz 3
A-1030 Wien
www.alpenlachs.at

Fischzucht Truskaller-Gigler

Urige Fischzucht in Malta, direkt am Fluss gelegen. Die Naturteiche werden nur mit Quellwasser gespeist. Gezüchtet werden Kärntna Låxn, Bachforellen, Regenbogenforellen und Saiblinge. Die Fischzucht ist für ihre erstklassige Qualität bekannt.

Johann Gigler
A-9854 Malta
Tel.: +43 4733 368

Fischzucht Glanznig

Die Fischzucht liegt in Dornbach am Anwesen vlg. Winkler (Dornbach Nr. 9) im Maltatal auf einer Seehöhe von 830 Metern. Die Wasserversorgung erfolgt mit Quell- und Bachwasser. Als Fischarten werden hauptsächlich Kärntna Låxn (Seeforellen) und Bachforellen gezüchtet.

Siegfried Glanznig
Dornbach 9
A-9853 Gmünd
Tel.: +43 4732 26 41

Kärntner Krebse

Der Name »Kärntner Flusskrebs« steht für heimische Ware von bester Qualität, die das Herz von Genießern höher schlagen lässt. Es handelt sich bei diesem Produkt um Wildfänge, das heißt die Krebse können sich natürlich vermehren und verbringen ihr gesamtes Leben in ihrer natürlichen Umgebung.

Der Beiname »Wildfang« garantiert, dass die Krebse weder gezüchtet noch gefüttert werden und in heimischen Gewässern herangewachsen sind. Sie stammen aus dem größten Fluss Kärntens, der Drau, und werden dort im Bereich des Ferlacher Staus gefangen. Der Ferlacher Stau ist etwa zehn Kilometer lang und hat eine durchschnittliche Breite von rund 400 Meter. Die strukturelle Beschaffenheit und die sehr gute Qualität des Wassers garantieren optimale Lebensbedingungen.

Die Krebse werden mittels Reusen gefangen, nach ihrer Größe sortiert und noch am selben Tag lebend ausgeliefert. Eine nachhaltige Bewirtschaftung des Krebsbestandes garantiert, dass es zu keiner Reduktion des Krebsbestandes kommt und das Ökosystem nicht geschädigt wird. Da es sich um ein Wildfangprodukt handelt, ist das Angebot limitiert und saisonal von Mai bis Oktober erhältlich.

Mag. Gert Prohaska
Tel.: +43 676 83 52 03 36
mail@kaerntner-krebse.at

Fischzucht Payr

Der Betrieb von Markus Payr liegt auf 785 Meter Seehöhe und befindet sich nach der sogenannten Engen Gurk (flussabwärts) an der Straßenabzweigung nach Sirnitz und Hochrindl. Die Zucht und Erhaltung von heimischen (autochthonen) Fischen, wie Bachforelle, Kärntna Låxn, Seesaibling, Äsche und Kleinfische, ist ein Hauptziel dieses Betriebs.

Die Aufzucht erfolgt ab dem Ei bereits unter optimalen Bedingungen, wozu reines Quellwasser, geringe Dichten, Einsatz hochwertiger Futtermittel und Haltung der Fische in Naturteichen gehören. Enge Zusammenarbeit mit der Wissenschaft (Futtermitteltest, Seuchenfreiheit, Genetikprogramme) soll die Aufzucht ausgezeichneter Speisefische unterstützen.

Durch optimale Wasserqualität (Quellwasser), Naturteiche und den Einsatz hochwertiger Futtermittel sowie den Verzicht auf chemische Behandlungen und Hormoneinsatz ist eine optimale Qualität der Speisefische garantiert. Der Fischereibetrieb stellt auch hochwertige Verarbeitungsprodukte wie Räucherfischprodukte, Gravad-Produkte oder Saiblingskaviar her, die z. B. am Fischfest in Feld am See verkostet werden können.

Fischereibetrieb Markus Payr
Neu Albeck 10
A-9571 Sirnitz
Tel.: +43 664 793 54 52
www.fischspezialist.at

Tullamore Dew
IRISH WHISKEY
TRIPLE DISTILLED
Tullamore Dew

Gebeizte Whisky-Lachsforelle

Zutaten für 4 Portionen

1–2 ausgenommene Lachsforellen mit Kopf und Schwanz (ca. 3–4 kg)
Whisky nach Geschmack
2 Bund Dille
Feinkristallzucker
Salz, Pfeffer aus der Mühle

Zubereitung

Die Lachsforellen schuppen, filetieren und entgräten. Haut an den Filets belassen. Lachsforellenfilets wiegen. Pro 1 kg Filetgewicht je 40 g Salz und Kristallzucker in einer Schüssel vermischen.

Von den Dillstängeln die Blätter abzupfen und klein schneiden. Whisky über die Fleischseite der Lachsforellenfilets träufeln und mit den Fingern leicht einmassieren; mäßig pfeffern. Salz-Zucker-Gemisch und den geschnittenen Dill auf beide Seiten gleichmäßig verteilen.

Fischzucht Feld am See/Kärntna Låxn

Wohl kaum jemand hat sich derart um das Ansehen des Kärntner Fischs – insbesondere des Kärntna Låxn – bemüht, wie der ambitionierte Fischzüchter Andreas Hofer. Er hat nicht nur die hier heimische Seeforelle, die in früheren Zeiten als sogenannter Kärntna Låxn ein beliebter (und preiswerter) Festtagsschmaus auf den Tafeln war, wieder gezüchtet und zu verdientem Ansehen bei Köchen und Gourmets verholfen, sondern ihr auch gleich eine eigene Genussregion Österreich geschaffen; die »Genuss Region Kärntna Låxn«.

Kärntna Låxn sind zwar nichts anderes als Seeforellen, allerdings sind die aus den Gewässern Kärntens stammenden ganz besondere Delikatessen. Die ARGE Oberkärntner Fisch mit ihrem Leitprodukt Kärntna Låxn setzte sich zum Ziel, diesen hochwertigen Fisch wieder auf den Speisetischen publik zu machen. Der Kärntna Låxn hat ein leicht rosa Fleisch und muss große, ausschließlich schwarze, x-förmige Punkte auf seiner Haut aufweisen. Das langsame Aufwachsen in sauberem Gebirgswasser bei niedriger Wassertemperatur garantiert allerbeste Qualität.

Neben den Kärntna Låxn werden in der Fischzucht Feld am See auch noch wunderbare Forellen, Saiblinge, Goldforellen, Karpfen, Hechte und viele andere Fischarten gezüchtet, die einerseits im Frischverkauf erworben werden können, andererseits aber auch eigens geangelt werden dürfen.

Auch werden hier eine Reihe von hausgemachten Fischspezialitäten angeboten, wie Räucherfische, Gravad Låxn, süßsauer marinierte Fische und anderes mehr.

ARGE Kärntna Låxn
(Fischzucht Feld am See)
Andreas Hofer
Millstätter Str. 77
A-9544 Feld am See
Tel.: +43 4246 23 45
E-Mail: info@laxn.at

Gravad Låxn

(nach einem traditionellen Originalrezept, bearbeitet vom Autor)

Zutaten für 4 Portionen

1 größerer Kärntna Låxn im Ganzen (ca. 3–4 kg)
200 g grobes Meersalz
125 brauner Rohrzucker
2 EL grob geschrotete Pfefferkörner (weiße, schwarze und eventuell auch rote)
1 Handvoll Dillspitzen (hier empfehlen sich gefriergetrocknete, da diese weniger anfällig auf Schimmelbildung sind)

hochwertiges, kalt gepresstes Pflanzenöl

Zubereitung

Den Fisch sauber filetieren und die Filets mit einer Pinzette von den Gräten befreien – dabei Gummihandschuhe tragen, um möglichst keine Keime zu übertragen.

Frischhaltefolie ausbreiten und mit Meersalz bestreuen. Das erste Lachsfilet mit der Hautseite nach unten darauflegen. Meersalz mit Zucker, Pfefferkörnern und Dille vermengen, dann die Mischung auf dem Fischfilet verteilen. Das zweite Filet passgenau mit der Hautseite nach oben darauflegen und mit etwas Meersalz bestreuen.

Nun alles fest in Frischhaltefolie wickeln und in eine Auflaufform legen. Leicht beschwert 12 Stunden im Kühlschrank marinieren lassen, dann wenden und nochmals (leicht beschwert) 12 Stunden reifen lassen. Diesen Vorgang mindestens zweimal wiederholen, sodass der Fisch 48 Stunden gebeizt wird. Wer mag, kann auch bis zu 3 Tagen beizen.

Den fertig gebeizten Fisch aus der Folie nehmen und die Fischfilets gründlich waschen und trocken tupfen. Saubere Fischfilets auf der Fleischseite mit Öl bestreichen, nach Wunsch mit etwas frischer Dille bestreuen und vakuumiert 24 Stunden nachreifen lassen (hält sich vakuumiert aber auch bis zu 10 Tage).

Bachmann's

Kein Fischzüchter, dafür aber ein Fischfreak – vor allem in Sachen Qualität – ist der mittlerweile international bekannte Peter Bachmann aus Hermagor. Er hat sich auf das Räuchern von speziellen Biolachsen, den sogenannten »St.Patrick«-Biolachsen von Clare Island aus dem Westatlantik vor Irland spezialisiert. Aus diesem edlen Rohstoff erzeugt er in einem ganz schonenden, eigens für diesen Fisch entwickelten Räucherverfahren eine einzigartige Delikatesse, die als einziges(!) österreichisches Produkt in den elitären Kreis des »World Gourmet Club« aufgenommen wurde.

Neben edlen Räucherlachsen produziert Peter Bachmann aber noch eine ganze Reihe anderer delikater Viktualien. Ein ganz besonderes Produkt – und das bezüglich Erscheinungsbild und Geschmack gleichermaßen – ist der Goldforellenkaviar, der ungemein fein schmeckt und wunderbar auf der Zunge »zerplatzt«; welch ein himmlisches Vergnügen das doch ist.

In der Küche des Hauses setzt man jedoch auf Bodenständigeres. Zu den Klassikern des Hauses zählen die Kärntner Nudeln mit Räucherlachsfüllung, die allerdings tatsächlich nur mit einem exzellenten Räucherlachs (wie eben dem von Peter Bachmann) so einzigartig gut schmecken.

Bachmann's
Peter Bachmann
Obervellach 33
A-9620 Hermagor
Tel.: +43 4282 20 69
www.biolachs.at

Kärntner Räucherlachsnudel

(nach einem Rezept von Peter Bachmann, bearbeitet vom Autor)

Zutaten für 4 Portionen

Nudelteig

1 kg Weizenmehl
2–3 Eier
2–3 EL Öl
1 EL Salz
Wasser nach Bedarf

Füllung

400–500 g Bachmann's Räucherlachs
400–600 g mehlige Erdäpfel
125 g Sauerrahm oder
zerlassene Butter
eventuell 1–2 Eidotter
2 EL gehackter Kerbel
1 EL fein gehackte Schalotten
1–2 zerdrückte Knoblauchzehen
Salz, Pfeffer aus der Mühle

braune Butter und gehackter
Schnittlauch zum Garnieren

Zubereitung

Alle Teigzutaten zu einem glatten, mittelfesten, eher weichen Nudelteig zusammenkneten, in Frischhaltefolie einwickeln und ungefähr 1 Stunde rasten lassen.

Währenddessen die Füllung vorbereiten. Dafür Erdäpfel kochen, schälen und passieren. Erdäpfelmasse mit sauber pariertem und klein gewürfeltem (oder in Streifen geschnittenem) Räucherlachs, Sauerrahm oder zerlassener Butter, eventuell den Eidottern, Kerbel, Schalotten und Knoblauch zu einer homogenen Füllung verarbeiten; Füllung mit Pfeffer und Salz abschmecken.

Teig mit einem Nudelwalker (mit möglichst wenig Mehl) messerrückendick ausrollen und große Kreise ausstechen. Die Teigkreise großzügig mit Füllung belegen, zu Halbmoden zusammenklappen, den Rand gut zusammendrücken und nach Wunsch krendeln.

Fischnudeln in leicht gesalzenem Wasser gar ziehen lassen, mit einer Schaumkelle herausfischen und auf Tellern angerichtet mit brauner Butter übergießen und mit Schnittlauch garnieren.

Hauptsache Fisch

Vorspeisen und kleine Happen

Suppen und Eintöpfe

Hauptspeisen

Tatar vom Kärntna Låxn mit Basilikum-Öl-Soße

Zutaten für 4 Portionen

200 g Filet vom Kärntna Låxn (fangfrisch, ohne Haut und Gräten)
200 g geräucherter Kärntna Låxn
2 Bund Basilikum
1 Bund Kerbel
200 ml sehr gutes Olivenöl extra vergine
Salz

Zubereitung

Filets und geräucherten Kärntna Låxn mit einem großen und schweren Messer sehr fein hacken, miteinander vermengen und mit wenig Olivenöl würzen, eventuell leicht nachsalzen.

Olivenöl mit gehackten Basilikumblättern zu einer homogenen Soße mixen und mit Salz abschmecken. Tatar zu kleinen Bällchen oder Talern formen. Je 3 Soßenspiegel auf einen Teller setzen und die Bällchen oder Taler darauflegen. Mit Kerbel garniert auftischen.

Variante

Statt Basilikum können Sie zum Beispiel auch Minze oder Liebstöckel verwenden.

Lauwarmes Tatar vom Kärntna Låxn im Strudelblatt mit kleinem Fenchel-Zitronen-Salat

Zutaten für 4 Portionen

Tatar

1 großes Filet vom Kärntna Låxn (ca. 300 g)
80 g Fischabschnitte vom Låxn
80 ml Schlagobers
1 EL Zitronensaft
1–1 1/2 EL sehr fein gehackte Kräuter (Petersilie, Kerbel, Dille, Fenchelgrün)
Salz, Pfeffer aus der Mühle
1 P. Strudelteig
Öl zum Backen

Fenchel-Zitronen-Salat

1 Fenchelknolle
1 EL kleine Ingwerwürfel
4 EL Olivenöl
Saft einer Zitrone
Schuss Essig
Salz, weißer Pfeffer aus der Mühle

Zubereitung

Zuerst den Salat zubereiten. Dafür Fenchel halbieren, Strunk herausschneiden und die Knolle zunächst in möglichst feine Scheiben, dann in kleine Würfel schneiden. Ingwerwürfel, Zitronensaft, Olivenöl, etwas Essig, Pfeffer sowie Salz dazugeben, alles gut durchkneten und im Kühlschrank marinieren lassen.

Für das Tatar eiskalte Fischabschnitte mit kaltem Obers und Kräutern (ich gebe noch etwas fein geriebenen Ingwer dazu) fein cuttern und kalt stellen. Fischfilet putzen, eventuell verbliebene Gräten entfernen und in möglichst kleine Würfel schneiden. Fischwürfel mit der Farce vermengen, 12 kleine Kugeln formen und kalt stellen.

Strudelteig in Quadrate von ca. 10 cm Kantenlänge schneiden. Auf jedes eine Fischkugel setzen, den Teig um die Kugel herum mit Wasser befeuchten, über der Fischkugel zusammenschlagen und fest zusammendrehen (aufpassen, dass der Teig nicht reißt). Öl in einer geeigneten Pfanne auf 160–170 °C erhitzen und die gefüllten Teigtaschen darin portionsweise rasch knusprig-goldbraun backen (der Kern sollte gerade einmal lauwarm sein).

Jeweils etwas von dem Fenchel-Zitronen-Salat auf 4 Teller verteilen, 3 Teigtaschen anlegen und sofort servieren.

Verhackerte Räucherforelle auf Kressebutter

Zutaten für 4 Portionen

Verhackerte Räucherforelle

2–3 Räucherforellenfilets
Zitronensaft nach Geschmack
Prise frisch geriebene Muskatnuss
Pfeffer aus der Mühle
eventuell etwas Salz

Kressebutter

200 g Butter
3–4 Tassen Gartenkresse
1 EL gehackte Cornichons
Salz, weißer Pfeffer aus der Mühle
eventuell Zitronensaft

12 Scheiben Baguette
1–2 Knoblauchzehen
Butter zum Rösten

Kresse zum Garnieren

Zubereitung

Die Butter auf Zimmertemperatur bringen und anschließend die weiche Butter mit einer Gabel durchdrücken. Mit reichlich Kresse, gehackten Cornichons, Pfeffer und Salz abschmecken. Wer mag, gibt auch etwas Zitronensaft dazu. Wenn die Butterzubereitung nicht sofort verbraucht wird: Butter zu einer Rolle formen, in Folie wickeln und in den Kühlschrank legen.

Die Räucherforellenfilets sauber parieren und mit einem schweren Messer hacken oder im Cutter fein mixen. Fischmasse in eine Schüssel füllen, mit den angegebenen Zutaten vermengen und im Kühlschrank rasten lassen.

Baguettescheiben in einer Pfanne mit den zerdrückten Knoblauchzehen in reichlich Butter beidseitig goldbraun rösten, danach auf einer Platte anrichten. Reichlich Kressebutter auf eine Brotscheibe streichen und darauf 1 EL Verhackertes platzieren. Zum Schluss mit Kresse garnieren und sofort genießen.

Panna cotta vom Räucherfisch mit Wein-Zitrusschaum

Zutaten für 4 Portionen

Panna cotta

Köpfe (ohne Augen und Kiemen), Haut und Gräten von ein oder zwei Räucherfischen
600 ml Schlagobers
5–6 Blatt Gelatine
Schuss Zitronensaft
2 Stängel Dille
weißer Pfeffer aus der Mühle

Wein-Zitrusschaum

150 ml trockener Weißwein (etwa Riesling)
150 ml Fischfond
125 ml Schlagobers
Saft von 1 Zitrone
Salz, weißer Pfeffer aus der Mühle

Garnitur

4 TL Kaviar (Forelle, Saibling u. a.)
Salatblätter, Kräuter etc.

Zubereitung

Kopf, Haut und Gräten zusammen mit den Stängeln der Dillezweige im Obers aufkochen, vom Herd nehmen und 20 Minuten ziehen lassen. Alles durch ein feines Sieb seihen und mit Zitronensaft und wenig Pfeffer abschmecken. Die in eiskaltem Wasser eingeweichte Gelatine gut ausdrücken und in das Obers rühren. Panna cotta in kleine Dariolformen füllen und 6 Stunden im Kühlschrank stocken lassen.

Für den Schaum Weißwein und Fischfond um mehr als die Hälfte einkochen lassen, mit Salz, Pfeffer und Zitronensaft abschmecken. Das Obers dazugeben und die Soße lauwarm abkühlen lassen. Nochmals abschmecken, dann in eine ISI-Flasche füllen, aufschäumen und zu der auf Tellern angerichteten Panna cotta spritzen. Mit Kaviar, Salatblättern und Kräutern ausgarnieren.

Räucherfische und Hülsenfrüchte in Aspik

Zutaten für 12 Portionen

2 Räucherforellenfilets
2 Filets von der geräucherten Reinanke
1 mittlerer Räucheraal
1 Tasse vorgekochte braune Linsen
1 Tasse vorgegarte weiße Bohnen
ca. 500 g blanchierte Fisolen
1 in Würfel geschnittene Karotte
1–1 ½ l Fischfond
10–12 Blatt Gelatine
Blattkräuter nach Belieben (Petersilie, Liebstöckel, Estragon …)

Soße

250 ml Sauerrahm
125 ml Schlagobers
2 EL Dillspitzen
2 EL feine Schnittlauchröllchen
1 EL Fenchelgrün
Zitronensaft
Salz

Petersilien-, Liebstöckel- und Estragonblätter

Zubereitung

Die Räucherfilets sauber parieren. Fischfond erhitzen, Kopf, Haut und Gräten der Räucherfische 20 Minuten darin ziehen lassen, dann den Fond durch ein Tuch filtern. Gelatine in eiskaltem Wasser einweichen. Den warmen Fond mit der ausgedrückten Gelatine versetzen und beiseitestellen.

Eine größere Terrinenform (2–2 ½ l) mit Frischhaltefolie auslegen und den Boden mit einer dünnen Schicht Aspik ausgießen. Einige Blätter Petersilie, Liebstöckel, und Estragon dekorativ in den Aspik legen. In den Kühlschrank stellen, bis der Aspik fest geworden ist.

Linsen mit Karottenwürfeln sowie einigen Esslöffeln Aspik verrühren und auf die erste Schicht aufstreichen. Erneut im Kühlschrank stocken lassen. Nun 2 Räucherforellenfilets dekorativ in die Form legen und mit Aspik begießen. Wieder stocken lassen. Nun eine Schicht Fisolen hineingeben, darauf Räucheraal und wieder eine Schicht Fisolen. Mit Aspik begießen und im Kühlschrank stocken lassen.

Als nächstes eine Lage Reinankenfilets hineinschichten und ebenfalls mit Aspik übergießen und stocken lassen. Weiße Bohnen mit Aspik verrühren, über die Reinankenfilets geben und stocken lassen. Zum Schluss alles mit dem restlichen Aspik übergießen und im Kühlschrank einige Stunden fest werden lassen.

Alle Zutaten für die Soße verrühren. Terrine aus der Form stürzen, auf einer Platte anrichten, nach Belieben mit Kräutern dekorieren und angeschnitten servieren. Soße und frisches Weißbrot extra dazureichen.

Tipp

Sie können die Terrine auch in Portionsformen herstellen (siehe Bild). Dann ist es egal wie Sie die verschiedenen Schichten auftragen.

Weißfische süßsauer

Weißfische werden üblicherweise nicht so gerne genossen, weil sie so viele Gräten haben. Mariniert man sie aber (wie bei diesem Rezept) mit Essig, so sorgt die Säure dafür, dass man die Gräten einfach mitessen kann und kaum spürt. Allerdings dürfen die Weißfische nicht zu lange in der Marinade liegen, sonst zersetzt die Säure nicht nur die Gräten, sondern gleich den ganzen Fisch.

Zutaten für 4 Portionen

12 Weißfische (was der Fang ergeben hat, man kann beinahe alle Fische so zubereiten)
4 Zwiebeln
4 Lorbeerblätter
12 Wacholderbeeren
1 EL Pfefferkörner
1 EL Senfkörner
Essig nach Bedarf
Feinkristallzucker
Salz

Zubereitung

Geschuppte und ausgenommene Fische möglichst sauber filetieren (Haut belassen oder abziehen). Zwiebeln schälen und fein hobeln. In einem Kochtopf Essig und Wasser im Verhältnis 50:50 mischen. Zwiebeln, Lorbeerblätter, Wacholderbeeren, Pfefferkörner, Senfkörner, Kristallzucker und Salz dazugeben und alles einmal aufkochen lassen. Marinade abschmecken – sie sollte angenehm süß-säuerlich schmecken – und auskühlen lassen.

Weißfische in ein mit Zwiebeln (von der Marinade) ausgelegtes, säurefestes Geschirr (mit Deckel) legen und mit Zwiebeln bedecken. So viel Sud darübergießen, dass alles gut bedeckt ist. Form verschließen und kalt stellen. Nach etwa 3 Tagen sind die Fische zum Verzehr fertig. Dazu reichen Sie frisches Bauernbrot oder herzhafte Braterdäpfel.

Tipps

Wenn Sie die Filets mit einem Stück Delikatessgurke belegen, zusammenrollen und mit Zahnstochern fixieren, erhalten Sie eine Art Rollmops.

Ich serviere diese Weißfische zusammen mit Aquavit, Wodka oder einem sehr guten Wacholderschnaps!

Räucherfischmousse mit Kren-Kresse-Mayonnaise

Zutaten für 4 Portionen

Räucherfischmousse

200 g Räucherforelle
100 g Räucheraal
125 ml Schlagobers
(oder mehr nach Geschmack)
weißer Pfeffer aus der Mühle

Kren-Kresse-Mayonnaise

1 Ei
1–2 EL Zitronensaft
eventuell 1 TL Dijonsenf
ca. 250–300 ml sehr gutes Pflanzenöl
1–2 EL sehr fein gerissener Kren
2 EL frische Kresseblätter
Salz, weißer Pfeffer aus der Mühle

8 große Scheiben entrindetes Sandwich- oder Toastbrot

Zubereitung

Für die Mayonnaise sollten alle Zutaten Zimmertemperatur haben. Das Ei in einer Schüssel mit dem Zitronensaft verrühren, zart salzen und pfeffern (wer mag, gibt auch noch 1 TL Dijonsenf dazu). Nun das Öl vorsichtig nach und nach mit einem Schneebesen einarbeiten, bis eine mittelfeste Mayonnaise entstanden ist. Wenn die Mayonnaise zu dick gerät, mit etwas heißem Wasser verdünnen. Mayonnaise mit frisch gerissenem Kren und reichlich Kresse würzen, abschmecken und kalt stellen.

Die Räucherfische in einem Cutter unter Zugabe von eiskaltem Obers hacken, aber nicht zu fein pürieren. Tatar mit Pfeffer aus der Mühle würzen und kalt stellen.

Mit einem größeren Ausstecher (Ø 8–10 cm) Kreise aus dem Toastbrot ausstechen und entweder toasten, im Ofen backen oder in Butter goldbraun braten. Die Brotscheiben etwa ½–1 cm dick mit dem Tatar bestreichen, 4 davon zusätzlich dünn mit Mayonnaise bestreichen. Jeweils eine nicht mit Mayonnaise bestrichene Scheibe mit der Tatarschicht nach oben auf eine bestrichene Scheibe setzen. Die oberste Tatarschicht großzügig mit Mayonnaise bestreichen (mit einem Servierring kann man hier genau arbeiten). Mit frischen Kresseblättern garnieren und servieren.

Tipp

Wer will, kann noch ein kleines Salatbukett aus Brunnenkresse als Garnitur dazulegen.

Terrine vom Räucherbarsch mit Kräuterrahm

Zutaten für 4 Portionen

Terrine

800 g geräucherte Barschfilets ohne Haut (ersatzweise Räucherforelle)
150 ml Schlagobers
3 Eiklar
1 Bund Dille (nur die Spitzen)
weißer Pfeffer aus der Mühle
Butter

Soße

250 ml Sauerrahm
75 ml Schlagobers
fein geschnittene frische Kräuter (Kerbel, Schnittlauch, Dille ...)
Zitronensaft
Salz, weißer Pfeffer aus der Mühle

Blattsalate, Kräuter, Blüten etc. zum Garnieren

Zubereitung

Die sauber parierten und gut gekühlten Fischfilets mit Obers und Eiklar im Mixer schnell pürieren, durch ein Passiersieb streichen, fein gehackte Dillspitzen untermischen, würzen und kalt stellen.

Kleinere Kaffeetassen (oder große Espressotassen) gut einbuttern, zu vier Fünfteln mit der Fischmasse befüllen und mit Alufolie abdecken. In einer Kasserolle Wasser erhitzen, die Tassen hineinstellen (sie sollten etwa zu drei Vierteln im Wasser stehen) und bei geschlossenem Deckel bei mittlerer Hitze etwa 30 Minuten garen. Im Kühlschrank auskühlen lassen.

Aus den angegebenen Zutaten eine homogene Soße herstellen Auf Vorspeisentellern einen Soßenspiegel platzieren und jeweils eine aus der Tasse gestürzte Terrine daraufsetzen. Nach Belieben gefällig garnieren und servieren.

Tipp

Ich serviere die Terrine auch gerne auf einer Sauerrahmsoße mit Safran und Paprikaessenz (siehe Bild).

Edler Fischsalat »Kärntner Seen«

Zutaten für 6–8 Portionen

200 g gebeizter Kärntna Låxn
200 g geräucherte Reinanke
200 g Räucherforelle
100 g geräucherter und filetierter Aal
100 g gedünstetes Zander- oder Hechtfilet (erkaltet)
100 g gebratenes oder gedünstetes Welsfilet (erkaltet)
12–16 gekochte Krebse (kalt)
Kaviar von der Lachsforelle
Kaviar von der Goldforelle

Salatmarinade
75 ml weißer Balsamico
75 ml hochwertiges Sonnenblumenöl
3 fein gehackte Schalotten
Feinkristallzucker
Salz, weißer Pfeffer aus der Mühle

Brunnenkresse oder Blattsalate nach Wahl; Kräuter zum Garnieren (Kapuzinerkresse, Kresse, Dille, Liebstöckel etc.)
Toast- oder Weißbrot als Beilage

Zubereitung

Aus den angegebenen Zutaten für die Marinade eine süßsaure Salatmarinade herstellen und die gewaschenen Salatblätter einzeln darin marinieren. Fische zusammen mit den Salatblättern dekorativ auf einer großen Platte anrichten, etwas Salatmarinade darüberträufeln, mit Kräutern garnieren und mit Toast- oder Weißbrot auftischen.

Tipps

Besonders knackig ist der Salat, wenn Sie ihn vor dem Marinieren kurze Zeit in eiskaltes Wasser eintauchen.

Selbstverständlich können Sie auch Portionsteller mit der Fischvariation servieren.

Rösti-Variationen »Millstätter See«

Zutaten für 4 Portionen

Rösti

6 Erdäpfel
Salz, weißer Pfeffer aus der Mühle
Butterschmalz oder Pflanzenöl zum Ausbacken

Belag 1

geräucherter Kärntna Låxn
Dille, eventuell etwas Frischkäse

Belag 2

Lachsforellenkaviar
Sauerrahm

Belag 3

geräucherte Reinanke
Schnittlauchröllchen

Belag 4

roh marinierte Reinanke, geröstete Speckwürfelchen oder Zwiebelsalat

Belag 5

Fischmus
kleine, fein gehackte Essiggurken

Belag 6

ausgelöste, gekochte Flusskrebsschwänze
geschälte schwarze Trüffeln

Zubereitung

Die Erdäpfel schälen und mit einem Hobel (oder einer Aufschnittmaschine) in dünne Scheiben schneiden. Mit einem Messer in feine Streifen schneiden und auf einem Tuch trocknen. Jeweils etwa 1½ EL von der Erdäpfelmasse zu einem Rösti formen. Auf ein frisches Tuch legen, salzen, pfeffern und abdecken.

Fett in einer weiten Pfanne erhitzen und die Rösti bei nicht zu starker Hitze beidseitig goldbraun und knusprig braten. Abtropfen lassen.

Jeweils 5 kleine Rösti auf einem Teller anrichten und jedes mit einem anderen Belag verzieren. Teller nach Herzenslust etwa mit Kapuzinerkresse, Gartenkresse, Friséesalat, Vogerlsalat etc. garnieren und servieren.

Tipps

Schnell und einfach zubereitet sind diese kleinen Röstitaler auch hervorragend als Imbiss für eine Party geeignet.

Natürlich können Sie die Rösti auch größer formen und diese dann als Hauptspeise servieren (siehe Bild).

Zwiebelsalat: Zwiebeln schälen, in Ringe hobeln,salzen und ziehen lassen; ausdrücken und mit Sauerrahm vermengen.

Fischmus: 250 g gegarten Weißfisch mit 4–5 EL Mayonnaise, 2–3 EL Sauerrahm, frisch geriebener Muskatnuss oder Worchestersoße, Zitronensaft, weißem Pfeffer aus der Mühle und Salz zu einem Mus verarbeiten.

Gesulzter Sauerkrautsaft mit rohen Edelfischen und Krebsen

Zutaten für 4 Portionen

Sulz

400 ml Sauerkrautsaft
100 ml Schlagobers
8 kernlose Trauben (vorzugsweise geschält)
4–5 Blatt Gelatine
1 Apfel (nach Belieben mit oder ohne Schale)

Fische

150–200 g rohe Kärntna Låxn (wer keinen rohen Fisch mag, nimmt geräucherten)
150–200 g roher Saibling
150–200 g rohe Reinanke
12 lebende Flusskrebse
250 ml Fischfond
3–4 Blatt Gelatine

ein paar Blätter Friséesalat
1 Tasse Kresse
2 weiße Zwiebeln
Salz

Zubereitung

Für die Sulz Gelatine in eiskaltem Wasser einweichen, Obers steif schlagen, Trauben und Apfel klein schneiden. Sauerkrautsaft erhitzen, dann in eine Schüssel stellen, die in einer zweiten mit Eis gefüllten Schüssel steht. Die ausgedrückte Gelatine einrühren und alles unter Rühren abkühlen – kurz bevor die Masse zu stocken beginnt, das geschlagene Obers und die gewürfelten Früchte untermischen. Masse auf 4 kalte Suppenteller verteilen und im Kühlschrank stocken lassen.

Für die Fische Gelatine in eiskaltem Wasser einweichen. Flusskrebse sehr gut waschen. In heißem Fischfond 2 Minuten kochen, in kaltem Wasser abschrecken und auslösen. 4 schöne Krebsnasen für die Garnitur beiseite legen. Heißen Fischfond durch ein feines Tuch seihen und die Gelatine darin auflösen Auf eine Platte gießen und im Kühlschrank stocken lassen. Die kalten Fischfilets in gleichmäßige Portionsstücke schneiden, mit Frischhaltefolie abdecken und im Kühlschrank stocken lassen

Krebsnasen mit je 3 Flusskrebsschwänzen füllen und mittig auf die Tellersulz setzen. Die Fischfiletstücke dekorativ darum herum anrichten. Das Fischgelee in kleine Würfel hacken und die Tellersulz damit bestreuen. Mit ein paar Salatblättern und etwas Kresse dekorieren

Tipp

Ich richte die rohen Fische samt Kaviar, Flusskrebsen und geliertem Sauerkrautsaft (ohne Obers, Äpfel und Weintrauben) auch gern in einer Schüssel an und garniere mit Sauerrahm, Kresse, Gemüsewürfeln und blanchierter Zitronenschale. Besonders frisch schmeckt das Gericht, wenn Sie blanchierte geschälte Ingwerwürfel dazugeben (siehe Bild).

Hechtnocken in Sauerampfersoße
mit Flusskrebsen und Krebsbutter

Ein berühmter Küchenklassiker, den ich für dieses Buch neu interpretiert habe.

Zutaten für 6–8 Portionen

Panade

150 ml Milch
45 g Butter
80 g Weizenmehl
Prise frisch geriebene Muskatnuss
Salz, weißer Pfeffer aus der Mühle

Farce

500 g haut- und gräten-
freies Hechtfleisch
150 ml Crème fraîche
100 g weiche Butter
4 Eier
1–2 TL Senf (vorzugsweise Dijonsenf)
2 sehr fein gehackte Schalotten
1 EL gehackte Petersilienblätter
Cayennepfeffer
Salz, weißer Pfeffer aus der Mühle

Sauerampfersoße

400 ml Schlagobers
300 ml sehr guter
trockener Weißwein
200 g frischer, fein
geschnittener Sauerampfer
2 fein gehackte Schalotten
25 g Butter
Salz, weißer Pfeffer aus der Mühle

Krebse und Krebsbutter

16 große, frische Krebse
Butter (je nach Gewicht
der Krebsschalen)

Butterflocken zum Gratinieren
Kerbelblätter zum Garnieren

Zubereitung

Zunächst Krebse 5 Minuten in Salzwasser kochen, abschrecken und das Fleisch auslösen. Krebsfleisch grob hacken. 6–8 schöne Krebsnasen für die Garnitur aussuchen, restliche (ausgewaschene) Krebsnasen zusammen mit der übrigen Karkasse fein mörsern oder durch den Fleischwolf drehen.

Für die Krebsbutter die Krebsschalen mit der gleichen Menge an Butter in einer Pfanne erhitzen, bis die Butter schäumt. Danach alles durch ein Sieb in heißes Wasser seihen und im Kühlschrank kalt stellen. Wenn alles kalt geworden ist, kann die Krebsbutter einfach abgehoben werden.

Danach eine sogenannte Panade herstellen Hierfür Milch mit Butter, geriebener Muskatnuss, Salz und Pfeffer aufkochen, das Mehl einstreuen und bei schwacher Hitze unter ständigem Rühren mit einem Holzlöffel 3 Minuten kochen, bis sich der Teig vom Topf löst; kalt stellen.

Für die Farce das gehäutete und entgrätete Fischfleisch zu einer glatten Masse cuttern. Panade aus dem Kühlschrank nehmen und mit der Fischmasse zu einer glatten Farce verarbeiten. Dabei Crème fraîche, weiche Butter, Senf, gehackte Schalotten und gehackte Petersilienblätter untermengen und mit Salz sowie Pfeffer abschmecken. Zum Schluss die Eier einzeln untermischen und die Farce an einen kühlen Ort stellen.

Für die Soße gehackte Schalotten in Butter dünsten, dann fein geschnittenen Sauerampfer dazugeben und mitdünsten lassen. Mit Wein ablöschen und einkochen lassen. Mit Obers aufgießen und ebenfalls kurz einkochen lassen. Dann die Soße fein mixen und abschmecken.

Mithilfe zweier Esslöffel aus der Hechtfarce nicht zu große Nocken formen. In siedendem Salzwasser 10 Minuten gar ziehen, abgießen und abtropfen lassen.

Pro Portion 3 Hechtnocken auf einem feuerfesten Teller anrichten. Mit Butterflocken belegen, etwas von der Soße dazugießen und mit gehacktem Flusskrebsfleisch bestreuen. Im vorgeheizten Ofen bei 220 °C überbacken, bis die Butter braun ist. Mit einer schönen Krebsnase, Tupfern von warmer Krebsbutter und Kerbelblättern garniert auftischen.

Tipp

Wer sich die Mühe mit der Krebsbutter ersparen will, kauft sich eine fertige Krebsbutter im Glas.

Variante

Statt des Sauerampfers können Sie auch junge Brennnesseltriebe oder Lauch verwenden.

Weißfischkrapfen

Zutaten für 4 Portionen

500–600 g gehäutete Weißfischfilets (Rotfeder, Rotauge, Döbel, Blei etc.)
1 altbackene Semmel
100–125 ml Schlagobers
1 TL Butter
2 große Eier
2–3 EL sehr fein gehackte frische Kräuter (Petersilie, Kerbel, Minze etc.)
1 mit Salz sehr fein zerdrückte (pürierte) Knoblauchzehe
eventuell Prise Muskatnuss

Butterschmalz zum Backen

Zubereitung

Das Fischfleisch durch den Fleischwolf drehen. Semmel in Scheiben schneiden. Butter im Obers schmelzen, über die Semmelscheiben gießen und einweichen lassen.

Nach dem Abkühlen die eingeweichte Semmel mit Fischfleisch, Eiern, gehackten Kräutern sowie einer Prise Muskatnuss vermengen und die Masse mit Pfeffer aus der Mühle und Salz würzig abschmecken.

Mit nassen Händen zu Krapfen formen und in heißem Butterschmalz bei mittlerer Hitze beidseitig schön knusprig-braun braten (das Fett sollte nicht zu hoch stehen, so dass sich in der Mitte der Krapfen der typische helle Ring bleibt). Krapfen als Imbiss genießen oder mit einem kleinen Salatbukett als Vorspeise auftischen.

Tipp

Zwei Krapfen pro Person, dazu Erdäpfelpüree mit zerlassener Butter und gerösteten Zwiebelringen sind eine leckere Hauptspeise.

Statt der Weißfische eignen sich für dieses Rezept auch Hecht oder Zander.

Ragout von Krebsen und Zander auf Creme vom weißen Gailtaler Landmais

Zutaten für 4 Portionen

Ragout

ca. 800–900 g Flusskrebse
(12–15 Stück à 60 g)
400–500 g Zanderfilet
1–2 gehackte Schalotten
eventuell Schuss Cognac
50–75 ml Schlagobers
200–250 ml kräftiger Fischfond
(ersatzweise Hühnerfond)
50 ml trockener Weißwein
1 TL fein gehackte Dillspitzen
Erdäpfelmehl nach Bedarf
25 g Butter
Zitronensaft
Salz, weißer Pfeffer aus der Mühle

Weiße Polentacreme

100 g weißer Maisgrieß aus dem
Gailtal (weiße Polenta)
250–300 ml Milch
1 EL fein gewürfelter Stangensellerie
50–75 g Butter
frisch geriebene Muskatnuss
Salz

Zubereitung

Die Krebse in Salzwasser kochen, Krebsfleisch auslösen, Krebsschwänze (und sofern vorhanden auch das Scherenfleisch) beiseitestellen. Die Karkassen im Mixer grob zerkleinern, dann durch den Fleischwolf drehen. Das Zanderfilet in Stücke schneiden.

In einer weiten Bratpfanne Butter erhitzen, die Krebsschalen zusammen mit den gehackten Schalotten darin anrösten (wer mag, löscht mit einem Schuss Cognac ab). Mit Obers aufgießen, einkochen lassen und Weißwein sowie Fond dazugeben.

Etwa 5 Minuten bei mittlerer Hitze köcheln lassen. Die Soße durch ein Haarsieb in eine Kasserolle filtern und mit etwas Erdäpfelmehl leicht abbinden. Die Zanderstücke in der Soße gar ziehen lassen, dann Krebsfleisch sowie gehackte Dillspitzen dazugeben und mit Zitronensaft, Pfeffer aus der Mühle und Salz abschmecken.

Grieß mit der Milch zu einem cremigen Brei verkochen, dann die Butter und die Selleriewürfel dazugeben und würzen.

Auf Vorspeisetellern ein Bett von cremiger Polenta bereiten, das Ragout darauf anrichten und das köstliche Gericht heiß auftischen.

Tagliatelle mit Kärntna Låxn

Zutaten für 4 Portionen

Nudelteig

400 g Mehl
4 Eier
1 EL Pflanzenöl
1 EL Hesperiden-, Apfel- oder Weißweinessig
Salz

Soße

400 g Filet vom Kärntna Låxn (ohne Haut und Gräten)
300 ml Schlagobers
etwas Zitronensaft
1 EL Butter
Prise Cayennepfeffer
1 sehr fein gehackte Knoblauchzehe
Salz, weißer Pfeffer aus der Mühle
gehackte Kräuter nach Belieben (Basilikum, Salbei, Estragon, Petersilie, Schnittlauch etc.)

rote Chilifäden und getrocknete Blüten von Bergkräutern zum Garnieren

Zubereitung

Aus den angegebenen Zutaten und 125 ml Wasser einen eher festen Nudelteig kneten (mindestens 7–10 Minuten!), in Frischhaltefolie einschlagen und 30 Minuten im Kühlschrank rasten lassen.

Teig in vier Portionen teilen, diese mit einer Nudelmaschine auswalken und zu etwa 5 mm breiten Bandnudeln schneiden.

Für die Soße Butter mit Knoblauch in einer Pfanne erhitzen. Sobald die Butter aufschäumt, das gewürfelte Lachsfilet dazugeben und bei milder Hitze garen.

Einen Teil der Filets mit einer Gabel zerdrücken, dann das Obers hinzufügen und einmal aufkochen lassen. Soße vom Herd nehmen und mit Zitronensaft, Cayennepfeffer, weißem Pfeffer und Salz abschmecken. Soße warm halten.

Die Nudeln in kochendem Salzwasser garen, bis sie oben schwimmen (dauert 2–3 Minuten). Abtropfen lassen und noch heiß in die warme Soße geben. Gut durchschwenken, gehackte Kräuter unterheben und auf vorgewärmten Tellern anrichten.

Lasagnette von der Reinanke mit Weißweinsoße und knusprigem Speck

Zutaten für 4 Portionen

Lasagnette

400–500 g Filet von der Reinanke
½ Portion hausgemachter Nudelteig
(siehe Rezept Seite 96)
2 feste, reife Tomaten
4 hauchdünne Scheiben Bauchspeck
Olivenöl extra vergine
Weizenmehl zum Stauben
Salz, weißer Pfeffer aus der Mühle

Soße

250 ml Schlagobers
200 ml Fischfond
100–125 ml trockener Weißwein
1 Bund frisches Basilikum
(oder Estragon oder Liebstöckel)
Spritzer Zitronensaft
Salz, weißer Pfeffer aus der Mühle

Butter zum Braten
eventuell Basilikum zum Garnieren

Zubereitung

Den Nudelteig sehr dünn ausrollen Mit einer Tasse (Ø ca. 15 cm) 12 Kreise ausstechen (oder zu gleichmäßigen Quadraten mit 12–15 cm Kantenlänge schneiden), in Salzwasser bissfest kochen und auf Küchenpapier abtropfen lassen.

Den Fisch in 8 möglichst gleich große Stücke schneiden. Fisch salzen, pfeffern und hauchzart mit Mehl stauben. In heißer Butter rasch von beiden Seiten bräunen.

Tomaten in dünne Scheiben schneiden, mit Olivenöl bepinseln, salzen und pfeffern.

Den Speck in einer Pfanne beschwert knusprig braten (besser ist es aber, wenn Sie ihn im Ofen bei 100 °C einige Stunden lang trocknen).

Für die Soße Obers, Fischfond sowie Weißwein cremig einkochen und mit fein geschnittenem Basilikum, Zitronensaft, Pfeffer und Salz abschmecken.

Zur Fertigstellung jeweils zuerst ein Fischfilet, dann eine Tomatenscheibe und darauf ein Nudelblatt, dann wieder ein Fischfilet, eine Tomatenscheibe und ein Nudelblatt schichten. Mit knusprigem Speck abschließen und mit der Weißweinsoße umkränzen. Nach Belieben mit einem Basilikumblatt garnieren und servieren.

Süppchen von Räucherfischen

Zutaten für 4 Portionen

Suppe
600 g Reste von geräucherten Fischen (Kopf, Haut, Gräten etc.)
125 ml trockener Weißwein
1–2 gehackte Schalotten
1 Bund klein geschnittenes Wurzelgemüse
1 TL weiße Pfefferkörner
eventuell frisch geriebene Ingwerwurzel
30 g Butter
etwa 1 TL Erdäpfelmehl
Salz, weißer Pfeffer aus der Mühle

Einlage
gedünstete Lauchringe
kleine Filets von Räucherfischen (vorzugsweise Forelle oder Aal)

ofenfrisches Schwarzbrot als Beilage

Zubereitung

In einer Kasserolle etwas Butter erhitzen, Räucherfischreste, Schalotten und Wurzelgemüse darin unter ständigem Rühren andünsten. Mit Weißwein ablöschen und Pfefferkörner dazugeben – ich gebe gerne noch etwas frisch geriebene Ingwerwurzel dazu. Bei mittlerer Hitze leise köcheln lassen.

Die Brühe durch ein mit einem Etamin ausgelegtes Sieb seihen und kräftig mit Pfeffer und Salz abschmecken. Wieder auf den Herd stellen und mit angerührtem Erdäpfelmehl leicht abbinden. Nochmals abschmecken, Lauch hinzufügen und die Fischfilets darin wärmen. Heiß in Suppenschalen servieren. Ofenfrisches Schwarzbrot dazureichen.

Tipp

Wer will, kann die Suppe mit ca. 125 ml Schlagobers aufmixen.

Kärntna Låxn aus dem Wildkräutersud
mit kleinen Kräuterravioli

Zutaten für 4 Portionen

4 kleine Filets vom
Kärntna Låxn (ohne Haut)
grober schwarzer Pfeffer
(am besten geschroteter Pfeffer)
Salz , etwas zerlassene Butter

Sud

3 Handvoll Wildkräuter (Bergminze,
Vogelmiere, Sauerampfer, Bärlauch
oder wilder Knoblauch, Giersch)
½ sehr fein gehackte Knoblauchzehe
ca. 1 l Fisch- oder Gemüsefond
Salz

Soße

1 TL Butter, etwas Olivenöl
1 Handvoll Wildkräuter (siehe oben)
½ sehr fein gehackte Knoblauchzehe
Salz, Olivenöl, Zitronensaft

Nudelteig

250 g Hartweizenmehl
2 Eier
2 Eidotter
Salz, etwas Wasser

Füllung

100 g junge Brennnesseltriebe
1 Handvoll Wildkräuter (gleiche
Mischung wie beim Fisch)
1 fein gehackte Schalotte
1 zerdrückte Knoblauchzehe
125 g Ricotta (oder Bröseltopfen)
50 g geriebener alter Bergkäse
2 Eier
frisch geriebene Muskatnuss
Salz, weißer Pfeffer aus der Mühle

Olivenöl extra vergine zum Anbraten
und Schwenken

Zubereitung

Für die Kräuterravioli alle genannten Teigzutaten miteinander vermischen und einen Teig kneten. In Frischhaltefolie einwickeln und 30 Minuten an einem kühlen Ort rasten lassen, dann hauchdünn ausrollen und in kleine Stücke schneiden.

Für die Fülle alle genannten Zutaten miteinander vermischen und ein bisschen davon auf die Teigstücke geben. Zu Ravioli zusammenklappen und die Ränder mit einer Gabel festdrücken. In Salzwasser garen lassen.

Für die Soße etwas Butter und Ölivenöl in einer kleinen Kasserolle erhitzen, die halbe Knoblauchzehe darin anschwitzen, Wildkräuter durch den Wolf drehen und hinzufügen. Kurz unter Wenden anschwitzen, dann mit 2–3 Schöpfern des Fischsuds aufgießen.

Soße durch ein mit einem Tuch ausgelegtes Sieb ziehen. Etwas einköcheln lassen (nicht länger als 5 Minuten), mit Olivenöl, Salz und etwas Zitronensaft abschmecken.

Die Fischfilets auf der Oberseite mit zerlassener Butter einpinseln und mit geschrotetem Pfeffer bestreuen (man kann den Pfeffer auch weglassen). Etwas Soße in tiefe Teller füllen und jeweils ein Fischfilet hinein setzen. Drei Miniravioli dazulegen, noch ein paar Tropfen Olivenöl darübergeben und servieren.

Tipp

Ich bereite das Gericht auch ohne Butter und Olivenöl zu, um den feinen Wildkräutergeschmack möglichst unverfälscht zu lassen. In diesem Fall lasse ich auch die Ravioli weg (siehe Bild).

Cremesuppe vom Kärntna Låxn mit Låxnnockerln

Zutaten für 4 Portionen

Suppe

800 g Reste vom Kärntna Låxn (Kopf, Gräten, Schwanz von Seeforelle oder Lachsforelle)
1 Zwiebel
1 Bund Wurzelgemüse
3–4 Dillezweige
abgeriebene Schale einer unbehandelten Zitrone
2 Lorbeerblätter
1 EL Senfkörner
1 EL weiße Pfefferkörner
100 ml trockener Weißwein
125 ml Schlagobers
50 g Butter
etwas Erdäpfelmehl
Salz

Fischnockerln

250 g haut- und grätenfreies Fleisch vom Kärntna Låxn (Seeforelle oder Lachsforelle)
1 Ei
50 ml Schlagobers
1 TL fein gehackte Dillspitzen
Salz, weißer Pfeffer aus der Mühle

Zubereitung

Fischreste in einer Schüssel wässern und dann in einem Sieb abtropfen lassen. In einer Kasserolle Butter erhitzen, die Fischabfälle darin andünsten, geputztes und klein geschnittenes Gemüse sowie die Gewürze hinzugeben und gut durchmischen.

Weißwein dazugießen, aufkochen lassen und so viel Wasser zufügen, dass alles knapp bedeckt ist. Erneut aufkochen und bei Mittelhitze etwa 20 Minuten köcheln lassen (eventuell zwischendurch abschäumen). Die Brühe durch ein mit einem Etamin ausgelegtes Sieb seihen (wer das Gemüse will, passiert die Suppe durch ein Sieb; siehe Bild), entfetten und in einen frischen Topf gießen. Das Obers mit dem Erdäpfelmehl verrühren, in die Suppe geben, aufkochen lassen und abschmecken; warm halten.

Für die Nockerln das eiskalte Fischfleisch im Mixer pürieren, durch ein Passiersieb streichen und erneut gut kühlen. Ei aufschlagen und zusammen mit den gehackten Dillspitzen unter die Fischmasse heben. Erneut kühlen, dann das Obers einarbeiten und würzen. Mit in heißes Wasser getauchtem Eisportionierer Nockerln aus der Masse stechen und in der Suppe gar ziehen lassen.

Die fertige Suppe mit den Nockerln in vorgewärmten Tellern anrichten und servieren.

Tipps

Besonders fein schmeckt die Suppe, wenn man sie mit etwas Senfmehl nachwürzt.

Nicht original kärntnerisch, dafür aber besonders würzig schmeckt die Suppe, wenn man die Hälfte davon mit Vadouvan (fermentierte Kräuter und Gewürze von www.ingo-holland.de) versetzt, mit dem Stabmixer püriert, durch ein feines Sieb seiht und anschließend in eine ISI-Flasche füllt. Den aromatisierten Teil auf die nicht aromatisierte angerichtete Suppe aufspritzen, dadurch ergibt sich ein interessanter Farbeffekt. Die Fischnockerln mit Vadouvan garnieren und die Suppe mit Cayennepfeffer bestreuen (siehe Bild).

Ritschert mit Räucherfisch

Zutaten für 4 Portionen

ca. 800 g Räucherfisch (vorzugsweise Forelle, Saibling oder Reinanke)
250 g Rollgerste
150 g getrocknete weiße Bohnen
2 l Fischfond
2–3 sehr fein gehackte Schalotten
2 sehr fein gehackte Knoblauchzehen
2 in Würfel geschnittene Karotten
1 in Würfel geschnittene Gelbe Rübe
1 kleines Stück in Würfel geschnittener Knollensellerie
1–2 Bund Liebstöckel
1 Bund glatte Petersilie
einige Salbeiblätter
Selleriegrün
Salz, weißer Pfeffer aus der Mühle

Zubereitung

Bohnen über Nacht in kaltem Wasser einweichen, die Rollgerste 2–3 Stunden vor der Zubereitung in lauwarmem Wasser einweichen.

Die Fische filetieren, Fischfond erhitzen und mit Kopf, Gräten sowie Haut der Räucherfische aromatisieren, anschließend filtern. Zwiebeln und Knoblauch in Butter anschwitzen, Bohnen sowie Rollgerste dazugeben und mit heißem Fischfond aufgießen. Langsam zu einer dicklichen Suppe verkochen, zwischenzeitlich auch das gewürfelte Gemüse zufügen und mitgaren lassen.

Wenn Bohnen und Rollgerste weich sind, den Topf vom Herd nehmen und mit den gehackten Kräutern, Pfeffer und Salz würzen; Liebstöckel und Salbei sollten vorschmecken.

Das dickflüssige Ritschert in vorgewärmte Schalen füllen und mit dem Fleisch der Räucherfische (das eventuell im Ofen angewärmt wurde) belegt auftischen.

Püreesuppe von Bohnen und weißem Landmais mit Wallerwangen und Karpfenmilch

Zutaten für 4 Portionen

300 g getrocknete weiße Bohnen
75 g weißer Landmais
2 gehackte Schalotten
1 gehackte Knoblauchzehe
Fischfond nach Bedarf
125 ml Schlagobers
Zitronensaft
geschnittener Estragon
oder Liebstöckel
12 Wallerwangen
6 halbierte Karpfenmilchner
1 EL Butter
Salz, weißer Pfeffer aus der Mühle

Mehl zum Stauben
Butterschmalz zum Braten

Zubereitung

Bohnen über Nacht in kaltem Wasser einweichen. Schalotten und Knoblauchzehe in etwas Butter anschwitzen und mit Fischfond ablöschen. Weiße Bohnen und Landmais dazugeben, 10 Minuten köcheln lassen, bei Bedarf Fond nachgießen.

Die Suppe mit einem Stabmixer pürieren und durch ein Sieb streichen. Obers dazugießen, mit dem Zitronensaft abschmecken und die Karpfenmilch darin garen lassen; salzen und pfeffern.

Die Wallerwangen salzen und mehlieren, danach in Butterschmalz goldgelb ausbraten. Suppe mit geschnittenem Estragon verfeinern, die Konsistenz mit Fischfond regulieren. In Suppentellern anrichten, die Wallerwangen hineinlegen und sofort servieren.

Tipp

Besonders gut mundet das Ganze, wenn man die Wallerwangen mit schwarzen Trüffelscheiben brät und auf Spieße gesteckt zur Suppe reicht. in diesem Fall kann die Karpfenmilch weggelassen werden.

Gegrillte, marinierte Weißfische mit Senfobers
(Rezept siehe folgende Seite)

Gegrillte marinierte Weißfische mit Senfobers

Zutaten für 4 Portionen

Gegrillte Weißfische

8 geschuppte und ausgenommene Rotfedern (oder Rotaugen, es eignen sich auch Blei oder Aitel) à ca. 200 g
2–3 unbehandelte Zitronen
1 Bund Dille
Salz, Pfeffer aus der Mühle

Marinade

1 Zwiebel
1 Karotte
1 Petersilienwurzel
3–4 Lorbeerblätter
8–12 Wacholderbeeren
2–3 Thymianzweige
2 EL Senfkörner
1 EL Feinkristallzucker
Salz nach Bedarf
1 roher, geschälter Erdapfel (zum Testen des Salzgehalts)

Soße

250 ml Schlagobers
4 EL mittelscharfer Senf bester Qualität
Zitronensaft nach Geschmack
etwas Feinkristallzucker

Öl zum Einpinseln der Fische
kleine heurige Erdäpfel (mit Schale verzehrbar)

Zubereitung

Für die Marinade Gemüse putzen und in Scheiben schneiden. Alle Zutaten (außer dem Erdapfel) in einen Topf füllen, mit 2 l Wasser auffüllen und aufkochen, danach den Sud erkalten lassen. Nun die geschälte (rohe) Erdapfel in den Sud legen und so lange Salz einrühren, bis er oben schwimmt (man benötigt in etwa 250–300 g Salz). Dann den Erdapfel wieder herausnehmen.

Die Fische innen und außen waschen, dann innen pfeffern. Zitronen in Scheiben schneiden. Eine hohe Schüssel (sie muss so groß sein, dass alle Fische darin Platz finden) mit der Hälfte der Zitronenscheiben und der Hälfte der Dille auslegen, dann die Hälfte der Fische daraufbetten.

Die Fische mit den restlichen Zitronenscheiben und der noch vorhandenen Dille belegen, dann die übrigen Fische daraufbetten. Alles mit der vorbereiteten Marinade übergießen und 24 Stunden kalt stellen.

Danach die Weißfische 15 Minuten in eiskaltem Wasser wässern, anschließend in einem Sieb abtropfen lassen. In jeden Fisch einen Dillezweig legen und die Haut der Fische mit Öl einpinseln. Fische über Holzkohle (oder im Ofen unter der Grillschlange) grillen, bis sie beidseitig schön goldbraun sind.

Mit der Soße (dafür die erhitzte Sahne mit Senf, Zitronensaft und Kristallzucker würzen) und den in der Schale gekochten, kleinen Erdäpfeln auftischen.

Gebratene Karausche mit brauner Zitronenbutter

Zutaten für 4 Portionen

4 küchenfertige Karauschen
à 300–400 g
4 große, geschälte Erdäpfel
Salz

Zitronenbutter
125 g Butter
Saft einer Zitrone

Zubereitung

Die küchenfertigen Fische auf jeder Seite einige Male diagonal einschneiden, dann innen und außen salzen. Die Erdäpfel auf einer Seite flach abschneiden, sodass man sie gut hinstellen kann.

Erdäpfel auf ein gefettetes Backblech setzen und die Fische so darüberstülpen, dass sie stehen bleiben (Erdapfel ist in der Bauchhöhle). Im vorgeheizten Ofen bei 180–200 °C backen, bis die Haut eine deutliche Färbung zeigt.

Währenddessen die Butter in einer Pfanne erhitzen und braun werden lassen. Butter vom Herd nehmen und mit Zitronensaft abschmecken.

Fische auf Tellern anrichten und mit der braunen Butter servieren. Dazu passen gebratene Erdäpfel.

Tipps

Die Karausche ist auch ein guter Steckerlfisch – die geschröpften Fische einfach salzen, etwas ziehen lassen und anschließend auf Ruten gesteckt über heißer Glut grillen.

Verwendet man gekochte Erdäpfel zum Füllen der Fische, so können diese gleich mitgegessen werden.

Gebratene Weißfische aus der Würzmarinade mit Erdäpfelsterz

Zutaten für 4 Portionen

Gebratene Weißfische

4 küchenfertige Weißfische à 350–400 g (gut eignen sich Rotfeder und Rotauge)
Salz, weißer Pfeffer aus der Mühle
Mehl zum Wenden
Öl zum Braten

Marinade

500 ml Mostessig
3 Zwiebeln
1 Karotte
1 Petersilienwurzel
ein schönes Stück Krenwurzel (ca. 75 g)
2–3 Lorbeerblätter
1 EL Wacholderbeeren
einige Pfefferkörner
1 TL Salz

Erdäpfelsterz

600 g geschälte, in Würfel geschnitttene Erdäpfel
125 g Buchweizenmehl (ersatzweise Weizenmehl)
1 TL Salz
75–100 g Grammelfett (Grammelschmalz)
1 gehackte Zwiebel (in etwas Fett goldgelb geröstet)

Zubereitung

Zunächst die Marinade vorbereiten. Zwiebeln, Karotte, Petersilien- und Krenwurzel putzen und in Scheiben oder kleine Würfel schneiden. Alles zusammen mit den Gewürzen in einen Topf geben, Essig und 100 ml Wasser dazugießen und aufkochen lassen. 5 Minuten leise köcheln.

Währenddessen die Fische abspülen, innen und außen salzen und pfeffern, danach in Mehl wenden. Öl in einer weiten Pfanne erhitzen, die Fische darin beidseitig knusprig-braun braten.

Fische abtropfen lassen, in eine ausreichend große Form legen und mit dem Sud übergießen. 24 Stunden marinieren lassen, dann vorsichtig wenden und 2 weitere Tage in der Marinade belassen.

Für den Sterz die Erdäpfelwürfel in wenig Salzwasser kernig weich kochen. Dann die Hälfte des Kochwassers abschütten und das Buchweizenmehl über die Erdäpfel geben. Alles bei schwacher Hitze 10 Minuten weiterdünsten. Die gehackte Zwiebel in etwas Fett goldgelb rösten.

Den Sterz mit einer Gabel gut durchrühren (ist die Masse zu fest, noch einen Teil des abgeschütteten Kochwassers dazugießen). Den Sterz vor dem Auftragen in heißem Grammelfett abschmalzen, die geröstete Zwiebel untermischen und abschmecken.

Die marinierten Fische aus dem Sud heben und mit dem Erdäpfelsterz auftischen.

Tipps

Statt der Weißfische kann man selbstverständlich auch Forellen oder Saibling auf diese Weise marinieren. Und auch knusprige Braterdäpfel sind zu diesem Gericht eine hervorragende Begleitung.

Karpfen blau mit eingebrannten, sauren Rüben

Optimal für dieses Gericht sind etwa 300 g schwere Karpfenstücke (an der Gräte), die vom vorderen Fisch geschnitten wurden – den restlichen Karpfen könnte man beispielsweise filetiert für gebackenen Karpfen verwenden oder eine Suppe daraus zubereiten.

Selbstverständlich kann man auch ganze Fische verwenden – die Zubereitung ist die gleiche. In jedem Fall muss der Karpfen vorsichtig geschuppt worden sein, damit die Schleimhäute (sie färben den Fisch beim Garen blau) nicht verletzt worden sind.

Zutaten für 4 Portionen

Karpfen blau

1 ganzer, geschuppter Karpfen (2–2 ½ kg) oder 4 Karpfenteile (jeweils ca. 300 g) an der Gräte
200 ml Wasser
100 ml Weißwein- oder Hesperidenessig
2 Zwiebeln
1 Karotte
2 Lorbeerblätter
1 EL Wacholderbeeren
½ TL Senfkörner
½ TL weiße Pfefferkörner
Salz, weißer Pfeffer aus der Mühle

Rübengemüse

500 g gehackte saure Rüben
1 Zwiebel
2 EL Weizenmehl
4 EL Schlagobers
2–3 EL Schmalz
1 Lorbeerblatt
etwas frisch gemahlene Piment- oder Kümmelsamen
Prise Feinkristallzucker
Salz, weißer Pfeffer aus der Mühle

frische Dille zum Garnieren
Butter- oder Dillerdäpfel als Beilage

Zubereitung

Für das Rübengemüse die Zwiebel schälen, sehr fein hacken und in einer Kasserolle in heißem Schmalz glasig werden lassen, dann mit etwas Kristallzucker würzen. Lorbeerblatt und Rüben dazugeben und so viel Wasser (oder Gemüsebrühe) angießen, dass die Rüben gerade bedeckt sind.

Das Rübengemüse fast fertig garen. Mehl mit Obers glatt verrühren, zum Gemüse geben und auf die gewünschte Konsistenz einkochen lassen. Mit Pfeffer, Salz und einem Hauch von Piment oder Kümmel abschmecken.

Fisch innen und außen mit Salz und Pfeffer würzen und in eine tiefe Platte legen. Wasser mit dem Essig aufkochen lassen, über den Fisch gießen und kurz an die frische, kalte Luft stellen (das verstärkt den Effekt des Blaufärbens). Währenddesen das Wurzelgemüse putzen und klein schneiden.

In einer Kasserolle reichlich Wasser mit Wurzelgemüse, Lorbeerblättern, Wacholderbeeren, Senf- und Pfefferkörnern sowie Salz aufkochen. Karpfen dazugeben und bei geschlossenem Deckel bei eher wenig (maximal mittlerer) Hitze garen.

Karpfen aus dem Sud heben, auf einer Platte (bei Karpfenstücken auf großen Tellern) anrichten und mit Dille garnieren. Mit Rübengemüse und Erdäpfeln auftischen.

Tipp

Statt eines »blau gekochten« Karpfens können Sie dieses Gericht auch mit einem gebratenen Karpfen zubereiten (siehe Bild).

Im Ofen gegarter Karpfen mit Kletzenfüllung an Rum-Honig-Butter, dazu Topfen-Erdäpfel-Nudeln

Zutaten für 4 Portionen

Im Ofen gegarter Karpfen

1 küchenfertiger Karpfen (ca. 2 kg)
125–150 g Kletzen (eventuell gedörrte Zwetschken dazumischen)
1 große Handvoll altbackener Biskuit (ersatzweise 1–2 altbackene Semmeln)
100 ml Schlagobers (oder Milch)
1 Zwiebel
1 großes Ei
fein abgeriebene Schale einer unbehandelten Zitrone
Prise gemahlener Zimt
Salz, weißer Pfeffer aus der Mühle

Topfen-Erdäpfel-Nudeln

250 g Kärntner Bröseltopfen
250 g gekochte, geriebene Erdäpfel
170 g Weizenmehl
1 Ei
40 g Butter
Salz

75 g Butter, 1 TL Staubzucker, 80 g geriebene Mandeln, 50 g Semmelbrösel zum Wälzen

Rum-Honig-Butter

125 g Butter
2 EL Honig (vorzugsweise Rosentaler Carnica-Honig)
gemahlener Zimt
Rum nach Geschmack

Zubereitung

Kletzen in warmem Wasser einweichen, abseihen und die Flüssigkeit auffangen. Den Karpfen innen und außen salzen. Obers erhitzen und über den zerteilten Biskuit (oder die in Scheiben geschnittenen Semmeln) gießen, einweichen lassen und ausdrücken. Die Zwiebel schälen und sehr fein hacken, die eingeweichten Kletzen ebenfalls klein schneiden und beides mit der Biskuitmasse vermengen. Pfeffern, salzen und mit wenig Zimt sowie abgeriebener Zitronenschale aromatisieren. Das Ei untermengen und die Masse in die Bauchhöhle des Karpfens füllen.

Bauchhöhle mit Zahnstochern und Küchengarn verschließen (die Zahnstocher durch beide Bauchlappen stechen und mit einer Doppelreihe Garn kreuzförmig zusammenziehen). Den Karpfen in eine Bratfolie stecken, Einweichflüssigkeit dazugeben und gut verschlossen auf den Rost des Backofens legen (Backblech unterschieben). Im vorgeheizten Ofen bei 220 °C 15 Minuten garen, dann bei 180 °C in etwa 20 Minuten fertig braten.

Für die Topfen-Erdäpfel-Nudeln aus den genannten Zutaten einen glatten Teig kneten, zu einer daumendicken Rolle formen und in 1½ cm dicke Scheiben schneiden. Teigstücke auf einer leicht bemehlten Arbeitsfläche mit der flachen Hand zu spitz zulaufenden, daumenlangen Nudeln formen. Die Topfen-Erdäpfel-Nudeln in leicht gesalzenem Wasser etwa 5 Minuten garen, bis sie an der Oberfläche schwimmen. Zwischenzeitlich Butter erhitzen, Semmelbröseln und Mandeln darin leicht rösten und wenig zuckern. Die Nudeln in den Mandelbröseln wälzen.

Die Butter erhitzen, den Honig darin schmelzen lassen und das Ganze mit Rum und Zimt aromatisieren.

Fertigen Karpfen aus der Folie nehmen, filetieren und mit der Füllung auf Tellern anrichten. Nudeln dazugeben und alles mit der aromatischen Butter beträufelt servieren.

Tipp

Glasierte Maronen schmecken dazu ganz hervorragend.

Gebratener Karpfen auf seiner Beuschelsoße
mit Buttererdäpfeln und Fleurons

Zutaten für 4 Portionen

Gebratener Karpfen

4 geschröpfte Karpfenfilets
(à ca. 200 g)
Zitronensaft
Mehl zum Wenden
Salz
Butterschmalz zum Braten

Karpfenfond

Karkasse vom Karpfen
(Kopf, Gräte, Schwanz)
1 Zwiebel
1 Karotte
1 Petersilienwurzel
1 Stück Knollensellerie
2 Lorbeerblätter
6 Wacholderbeeren
1 TL Pfefferkörner
250 ml Weißwein
Salz

Soße

200 g Karpfenbeuschel
4–6 Karpfenmilchner
2 EL Butter
2 EL Weizenmehl
ca. 1 l Karpfenfond
ca. 100 ml Schlagobers
Zitronensaft zum Abschmecken
Salz, weißer Pfeffer aus der Mühle

Beilagen

kleine Buttererdäpfel (Babyerdäpfel) oder Olivenerdäpfel (in Öl ausgebacken, olivenförmig ausgestochen oder geformt)

12 Fleurons (aus Blätterteig ausgestochene Fischchen, die im Ofen goldbraun gebacken werden)

Zubereitung

Zunächst einen Karpfenfond ansetzen. Hierfür den Kopf halbieren und die Kiemen entfernen, Gräten und Schwanzstück teilen, das Gemüse putzen und in Stücke schneiden. Alles mit kaltem Wasser abspülen. Sämtliche Zutaten (außer Wein, aber mit Gewürzen) in einen Topf füllen, 2 Minuten dünsten, dann mit Wein ablöschen. So viel Wasser dazugeben, dass alles bedeckt ist.

Bei mittlerer Hitze 20 Minuten köcheln lassen, dabei mit einem Holzlöffel immer wieder den Kopf ausdrücken. Brühe durch ein Haarsieb in einen frischen Topf seihen und salzen. Das Beuschel für die Soße darin garen, herausnehmen und klein schneiden.

Für die Soße Butter in einer Kasserolle zerlassen, Mehl darin hellgelb werden lassen. Mit knapp 1 l Karpfenfond aufgießen und um ein Drittel einkochen lassen. Obers dazugeben und zur gewünschten Konsistenz einreduzieren, mit Zitronensaft, Pfeffer und Salz abschmecken.

Die Hälfte der Karpfenmilch und das vorgegarte Beuschel zur Soße geben (ich verfeinere gerne noch mit 2 EL geschlagenem Obers und 1 EL gehackten Kräutern wie Kerbel oder Estragon)

Die Karpfenfilets ganz lassen oder auch halbieren. Fisch mit Zitronensaft beträufeln, leicht salzen und etwas ziehen lassen. Hautseite in Mehl wenden und den Fisch in heißem Butterschmalz auf der Hautseite kross braten. Wenden und 2 Minuten auf der zweiten Seite braten.

Mit der Soße einen großzügigen Soßenspiegel auf vorgewärmte Teller aufbringen und jeweils ein Karpfenfilet (oder zwei halbierte) daraufsetzen. Ich gebe dazu gerne jeweils 3 kleine Butter- oder Olivenerdäpfel (in Öl ausgebacken, olivenförmig ausgestochen oder geformt) und 3 Fleurons in Form von Fischen.

Tipps

Als Beilage eignen sich auch Petersil-, Herzoginerdäpfel (siehe Rezept »Huchen in der Mandelkruste«, Seite 154), Butternudeln oder Butterreis.

Ich serviere das Gericht auch mit Champignonreis als Beilage und nur mit Karpfenmilch als Einlage in der Soße. Geröstete Pinienkerne schmecken dazu ebenfalls ausgezeichnet (siehe Bild).

Fischfilets im Bierteig gebacken

Zutaten für 4 Portionen

600–800 g Fischfilets (am besten Karpfen oder Schleie)
Zitronensaft
Salz
Fett zum Backen

Bierteig
300 g Weizenmehl
300 ml Bier
3 Eier
1 EL zerlassene Butter
¼ P. Trockengerm
frisch geriebene Muskatnuss
Salz, weißer Pfeffer aus der Mühle

Zubereitung

Fischfilets sauber zuputzen, in ½ cm breite Streifen schneiden, mit Zitronensaft säuern, salzen und beiseitelegen.

Für den Backteig die Eier trennen. Alle Zutaten (außer Eiklar) miteinander verrühren und 15–20 Minuten zugedeckt rasten lassen. Eiklar mit einer Prise Salz zu sehr steifem Schnee schlagen und portionsweise locker unterheben und nochmals 15 Minuten rasten lassen.

Fett erhitzen, Fischstücke in den Backteig tauchen und anschließend portionsweise goldgelb backen. Auf Küchenpapier abtropfen lassen, salzen und genießen.

Tipp

Dazu empfehle ich eine Dipsoße aus 200–250 ml Mayonnaise, 1 großen EL Tomatenmark, 1 EL frisch gerissenen Kren, 1–1½ TL scharfem Senf, 1 Schuss Cognac (oder Zitronensaft), Prise Feinkristallzucker, Pfeffer aus der Mühle und Salz. Wer mag, schmeckt zusätzlich mit Tabasco- und Worchestersoße ab.

Schleie mit Rotkraut

Zutaten für 4 Portionen

1 Schleie von ca. 1 kg
800 g Rotkraut
1 große Zwiebel
250 ml kräftige Rindsuppe
250 ml trockener Rotwein
etwas Rotweinessig
Johannisbeersirup nach Geschmack
1 Lorbeerblatt
Prise Kümmel
2–3 EL Butter
Öl
Zucker oder Honig
Salz, Pfeffer aus der Mühle

Zubereitung

Das Kraut hobeln und mit Salz und Essig vermischt ziehen lassen. Den geschuppten und ausgenommenen Fisch in Stücke schneiden. Gehackte Zwiebel in etwas Öl und Butter andünsten, das ausgedrückte Kraut dazugeben und Suppe, Wein, Lorbeerblatt sowie Kümmel) hinzufügen. Das Kraut gar dünsten; kurz bevor es gar ist, die Fischstücke auf das Kraut legen und auf kleiner Flamme etwa 20 Minuten mitgaren lassen.

Fisch aus dem Kraut nehmen und auf einer vorgewärmten Platte beiseitelegen. Das Kraut mit Johannisbeersirup, eventuell etwas Essig, Zucker (oder Honig), Salz sowie Pfeffe abschmecken.

Das Kraut auf die Teller verteilen, die Fischstücke darauflegen und mit Butter- oder Salzerdäpfeln servieren.

Schleie blau

Zutaten für 4 Portionen

1 küchenfertige Schleie von ca. 1 kg (die Schleimhaut darf nicht verletzt sein)
125–150 ml guter Weißweinessig
Salz
eventuell 1 Lorbeerblatt
und 1 Zwiebel
frisch gerissener Kren
Butter, Zitrone
Butter- oder Salzerdäpfel

Zubereitung

Den Fisch in einen Fischtopf mit Einsatz legen und zunächst mit warmem Essig begießen, um ihn zu bläuen. Dann vorsichtig 2 l kochendes Wasser angießen, salzen und nach Belieben das Lorbeerblatt sowie die in Ringe geschnittene Zwiebel dazugeben und aufkochen lassen. Vom Herd nehmen und je nach Größe 15–20 Minuten ziehen lassen.

Dazu reicht man frisch gerissenen Kren, zerlassene Butter oder Nussbutter, Zitronenachteln sowie Butter- oder Salzerdäpfel.

Schleie im Salzmantel mit Buttersoße

Zutaten für 4 Portionen

2 küchenfertige Schleien
(à 600–750 g)
2 Stängel Dille
2 Stängel Estragon
2 Stängel Zitronenthymian
4 Stängel Kerbel
2 Stängel Pimpernelle
2 kleinere Lorbeerblätter
Pflanzenöl
weißer Pfeffer aus der Mühle

Salzsockel

2½ kg grobes Meersalz
(oder Bad-Ausseer-Ursalz)
7–8 Eiklar (oder 1 Glas Wasser)

Buttersoße

3 EL zimmerwarme Butter
4 Eidotter
eventuell 2 Msp. Erdäpfelmehl
eventuell 1 EL kaltes Wasser
25 ml Estragonessig
1–2 EL fein gewiegte Dillspitzen
Salz, weißer Pfeffer aus der Mühle

Zubereitung

Die Fische innen pfeffern, dann in jeden Fisch ein Kräuterbündel (bestehend aus Lorbeerblatt, Estragon, Dille, Zitronenthymian, Kerbel und Pimpernelle) geben und die Schleien außen sorgfältig mit Öl einpinseln.

Das Salz in einer großen Schüssel mit leicht geschlagenem Eiklar (oder Wasser) vermengen. Ein Backblech mit Backpapier auslegen und darauf für jeden Fisch einen eigenen Salzsockel herstellen. Schleien darauf betten und rundherum mit der Salzmischung bedecken.

Fische im vorgeheizten Backofen bei 200 °C 10 Minuten backen lassen, dann die Hitze auf 160–180 °C zurücknehmen und die Fische (je nach Größe) in 20–30 Minuten fertig garen. Schleien aus dem Ofen nehmen und den Salzmantel rundherum mit einem Messer aufschneiden.

Deckel abheben und die oben freigelegten Schleien mit dem Salzsockel auf einer Platte anrichten und servieren. Am Tisch filetieren und auf Teller verteilen.

Für die Soße die Butter mit den Eidottern abtreiben, in ein Wasserbad setzen und zu einer glatten und sämigen Soße aufschlagen. Sollte sie gerinnen, so können Sie die Soße mit Erdäpfelmehl und kaltem Wasser »retten«. Die Soße mit Estragonessig und gehackten Dillspitzen aromatisieren und mit weißem Pfeffer aus der Mühle und Salz abschmecken.

Tipp

Dazu munden Buttererdäpfel (gekochte Erdäpfel relativ klein schneiden und in reichlich zerlassener Butter wärmen, aber nicht braten; mit Salz würzen).

Zander auf Apfel-Most-Kraut

Zutaten für 2 Portionen

4 dicke Zanderfilets (à 180–200 g)
Weizenmehl zum Wenden
Butterschmalz zum Braten
Salz

Apfel-Most-Kraut

600 g frisches Bio-Sauerkraut
100 g Gurktaler Bauchspeck
1 große Zwiebel
1 Apfel
1 Lorbeerblatt
2 zerdrückte Wacholderbeeren
250 ml Apfelmost
125 ml Crème fraîche
1 EL Weizenmehl
2 EL neutrales Pflanzenöl
Salz, weißer Pfeffer aus der Mühle

Zubereitung

Zuerst das Kraut zubereiten. Dafür Speck in kleine Würfel schneiden, Zwiebel sehr fein hacken. Etwas Öl in einer Kasserolle erhitzen, die Speckwürfel darin auslassen, dann die gehackte Zwiebel hinzufügen und auf Mittelhitze glasig werden lassen. Die zerdrückten Wacholderbeeren und das Lorbeerblatt hinzufügen und mitbraten, bis sie duften. Das abgetropfte (nicht gewaschene!) Sauerkraut dazugeben und mit dem Most aufgießen. 15 Minuten dünsten lassen und anschließend mit wenig Mehl stauben. So viel Wasser (oder auch Gemüsebrühe) dazugeben, dass das Kraut gut ca. 30 Minuten bei milder Hitze gut dünsten kann.

Die Zanderfilets auf der Hautseite (die man nach Belieben zweimal kreuzweise einschneiden kann) mehlieren und anschließend auf der Hautseite in Butterschmalz braten, bis die Haut knusprig ist. Wenden und etwa 1 Minute auf der Fleischseite nachziehen lassen.

Sauerkraut mit Crème fraîche verfeinern, abschmecken und auf vier Teller verteilen. Jeweils ein Zanderfilet darauf anrichten, nach Belieben garnieren und auftischen.

Tipp

Wer eine Sättigungsbeilage braucht, serviert dazu Lorbeererdäpfel. Dafür kochen Sie kleine, geschälte Erdäpfel in Salzwasser mit vielen Lorbeerblättern. Vor dem Servieren die Erdäpfel kurz in Butter schwenken.

Tournedos vom Zander
mit knusprigen Rote-Rüben-Chips

Für dieses tolle Gericht benötigen Sie große Zander, aus denen sich ordentliche Steaks (Koteletts) schneiden lassen. Aus den Fleischresten kann man eine Pastete bereiten, aus der Karkasse wird der benötigte Fond hergestellt.

Übrigens: Dieses Zandergericht braucht keine Beilagen. Wer dennoch nicht darauf verzichten möchte, reicht gebratene Steinpilze und/oder eine beliebige Erdäpfelbeilage dazu.

Zutaten für 4 Portionen

Tournedos

4 Zandersteaks, je ca. 3 cm dick (Zanderkoteletts)
Butter zum Braten

Rote-Rüben-Chips

2 Rote Rüben
Öl zum Frittieren
Salz

Soße

Kopf (ohne Augen), Mittelgräte und Schwanzstück vom Zander
1 Karotte
1 Stangensellerie
1 Zwiebel
1 Tomate
1 Knoblauchzehe
3–4 EL weiße Pfefferkörner (im Mörser kurz angequetscht)
250 ml Hühnerfond
guter Schuss trockener Weißwein (ca. 4 EL)
guter Schuss Essig (vorzugsweise Sherryessig)
hochwertiges Pflanzenöl
Butter zum Binden
Salz

Zubereitung

Für die Soße die Zanderkarkassen 5 Minuten in Eiswasser einlegen, dann abtropfen lassen. Etwas Öl in einer großen Kasserolle erhitzen und die Fischkarkassen darin unter gelegentlichem Rühren 5 Minuten leicht bräunlich anbraten. Das geputzte und gewürfelte Gemüse dazugeben und 4–5 Minuten dünsten, bis es weich ist; gelegentlich wenden. Pfefferkörner zufügen und alles mit Wein und Essig ablöschen. 10 Minuten garen, bis die Flüssigkeit fast verdunstet ist. Schließlich den Hühnerfond dazugießen und in 30–40 Minuten bei schwacher Hitze fertig kochen. Fond durch ein feines Sieb seihen und beiseitestellen.

Währenddessen die Tournedos vorbereiten. Hierfür die Koteletts so entgräten, dass die beiden Fischhälften zusammenbleiben Vorsicht ist bei der Schnittstelle am Rücken geboten, denn hier ist die Haut besonders dünn.

Am besten schneidet man die Mittelgräte einige Millimeter unter dem Rückgrat heraus und fährt dann mit einem scharfen Messer an den Gräten entlang zum Bauch hin. Nun kann man die beiden Hälften entweder zu einem kompakten, ovalen Tournedo zusammendrücken oder man löst die Haut auf einer Seite ab (nur vom Fleisch, nicht wegschneiden!), dreht das Bauchfleisch vom Fisch nach innen und klappt die Haut um das Tournedo.

Aus Pergamentpapier lange Streifen in der Dicke der Tournedos schneiden, auf einer Seite mit Öl einstreichen und mit der bestrichenen Seite nach innen um die Fischsteaks wickeln. Mit Faden zusammenbinden und kalt stellen.

Vorbereiteten Soßenfond bei guter Hitze auf 75–100 ml einkochen. Rüben schälen und fein hobeln. Die Tournedos salzen und pfeffern, paarweise in einer großen Pfanne in einem Gemisch aus Butter und Olivenöl beidseitig leicht bräunen. Im vorgeheizten Ofen bei 120 °C nachziehen lassen (sie sollten innen gerade gar sein). Den eingekochten Fond mit eiskalten Butterflocken binden und warm halten. Die Rübenchips 4–5 Minuten unter Schwenken in 175 °C heißem Öl frittieren, abtropfen lassen und salzen.

Zandertournedos auf Tellern anrichten und mit der Soße umkränzen. Die Chips extra dazureichen.

Hecht mit Knoblauch und Schalotten

Zutaten für 4 Portionen

1 küchenfertiger Hecht (ca. 2 kg)
8 Schalotten
8 Knoblauchzehen
6 frische Thymianzweige
100 ml trockener Weißwein
100 ml Fisch- oder Hühnerfond
125 g Butter
Salz, weißer Pfeffer aus der Mühle

Erdäpfelpüree
gehackte Petersilienblätter

Zubereitung

Den Hecht in große Stücke schneiden, Schalotten und Knoblauch schälen und hacken. Butter in einer ofenfesten Form erhitzen, Schalotten und Knoblauch darin andünsten, bis sie glänzen.

Gesalzene und leicht gepfefferte Hechtstücke sowie die abgerebelten Thymianblätter dazugeben und kurz mitdünsten. Alles im vorgeheizten Ofen bei 220 °C 10 Minuten braten lassen. Wein und Brühe dazugießen, den Fisch wenden und weitere 10 Minuten braten.

Hechtstücke auf einem Bett von Erdäpfelpüree anrichten. Mit der aromatischen Soße überziehen, leicht nachsalzen und mit Petersilienblättern bestreut auftischen.

Tipp

Man kann die Soße auch noch mit kleinen Kapern und grünem Pfeffer verfeinern (siehe Bild).

Gespickter Hecht
mit Specksoße und Speckerdäpfeln

Zutaten für 4 Portionen

Gespickter Hecht

1 geschuppter und ausgenommener Hecht (ca. 1½ kg)
75 g geräucherter fetter Speck (Spickspeck)
2 Stängel Petersilie
1 Stängel Dille
1 Stängel Estragon
2 zerdrückte Knoblauchzehen
Salz, Pfeffer aus der Mühle

Specksoße

200 ml Apfelmost
200 ml Schlagobers
75 g Kärntner Bauchspeck
75 g geräucherter, fetter Speck
1 Zwiebel
1–2 EL Weizenmehl

Speckerdäpfel

Zutaten und Zubereitung siehe Rezept »Gebratene Lachsforelle mit Speckerdäpfeln«, Seite 147

Zubereitung

Rücken-, Brust- und Bauchflossen vom Hecht abschneiden. Den Hecht durch den Bauch entgräten. Dafür mit einem scharfen Messer entlang der Gräten bis zum Rückgrat schneiden, das Rückgrat am Kopf und Schwanz mit einer Schere abtrennen und vorsichtig aus dem Hecht herausziehen (wer sich das nicht zutraut, bittet seinen Fischhändler darum).

Den Hecht innen mit den fein gehackten Kräutern, Pfeffer aus der Mühle und Salz würzen. Den Spickspeck in dünne Streifen schneiden und mit einer Spicknadel den Fisch beidseitig mit den Speckstreifen spicken. Fisch auf ein mit Backpapier (oder gehobelten Zwiebeln) ausgelegtes Blech legen und im vorgeheizten Ofen bei 200 °C auf der mittleren Schiene 10 Minuten braten. Dann die Hitze auf 180 °C zurücknehmen und den Fisch in 20–30 Minuten fertig braten.

Währenddessen die Soße zubereiten. Fein gehackten Speck in einer Pfanne ohne Fettzugabe auslassen, dann die knusprigen Speckgrieben herausfischen und die fein gewiegte Zwiebel im Fett anrösten. Mit Mehl stauben, Most und Obers dazugießen, sämig einkochen lassen und abschmecken. Soße durch ein feines Sieb passieren und anschließend mit einem Teil der Grieben verfeinern.

Den Hecht in vier Portionsstücke schneiden, dann zusammengesetzt auf einer großen Platte anrichten Mit den zurückbehaltenen Grieben bestreuen und die Erdäpfel (mit ein bisschen gebratenem Speck) um den Fisch herum verteilen. Die Soße extra dazureichen.

Gefülltes Hechtkotelett auf Lauch-Flusskrebs-Ragout

Zutaten für 4 Portionen

Gefüllte Hechtkoteletts

4 Hechtkoteletts à ca. 180–200 g
5–6 EL entrindetes Weißbrot
2 EL Hechtfleisch
etwas Schlagobers
1 Eiklar
1 EL geriebener Käse (Parmesan)
1–2 EL frische, sehr fein gehackte Kräuter nach Belieben (etwa Kerbel, Thymian etc.)
Semmelbrösel nach Bedarf
Salz, Pfeffer aus der Mühle
Schweinsnetz, Butterschmalz

Lauch-Flusskrebs-Ragout

2 Stangen Lauch
24 ausgelöste, vorgekochte Flusskrebsschwänze
1 kleiner Schöpfer Krebs-Kochwasser (ersatzweise Fischfond)
125 ml Schlagobers
1–2 EL Crème fraîche
Spritzer Zitronensaft
Prise Cayennepfeffer
½ EL Weizenmehl
1 ½ EL Butter
Salz, weißer Pfeffer aus der Mühle

Zubereitung

Die Hechtkoteletts vorsichtig entgräten. Bauchhöhle mit einer Farce aus Hechtfleisch, Weißbrot, Obers, Eiklar, Parmesan, gehackten Kräutern und Gewürzen (bei Bedarf die Masse mit Semmelbröseln binden) füllen. Gewässertes Schweinsnetz ausbreiten, in 4 Stücke schneiden und jedes Kotelett in ein Schweinsnetz einschlagen. Die Koteletts bei nicht zu starker Hitze in Butterschmalz beidseitig hellgelb braten.

Für das Ragout den Lauch in Ringe schneiden. In einer Pfanne mit ½ EL Butter dünsten und mit Mehl stauben. Krebsfond und Obers aufgießen und die Flüssigkeit bei guter Hitze einkochen lassen. Lauch vom Herd nehmen und die ausgelösten Flusskrebsschwänze einrühren. Mit Crème fraîche, Zitronensaft, Cayennepfeffer, Pfeffer aus der Mühle und Salz abschmecken.

Das Ragout auf vier vorgewärmte Teller verteilen, je ein Hechtkotelett daraufsetzen, mit Kräutern nach Belieben (Kerbel, Thymian etc.) garnieren und servieren.

Gebratener Waller mit Salami-Knusperwürfeln und Erdäpfelsoße

Zutaten für 4 Portionen

Gebratener Waller

4 schöne Wallerfilets à ca. 180 g
1 Knoblauchzehe
1 Rosmarinzweig
Weizenmehl zum Stauben
reichlich Butter zum Braten
Salz, weißer Pfeffer aus der Mühle

Erdäpfelsoße

1 kg geschälte, mehlige Erdäpfel
1 l Wasser oder Fleischbrühe
1 Zwiebel
1 Knoblauchzehe
2 Lorbeerblätter
1 TL frische Thymianblätter
1 TL frische, gehackte Majoranblätter
etwas getrocknete Majoranblätter
75 g Schmalz oder Butter
Weizenmehl zum Stauben
Schuss Essig (oder Einlegewasser von Essiggurken)
Salz, weißer Pfeffer aus der Mühle

Salami-Knusperwürfel

ca. 100–150 g frische Jauntaler Salami (zum Kochen)
4 große Scheiben Weißbrot
2 Knoblauchzehen
Butter oder Öl zum Braten

frische Kräuter zum Garnieren

Zubereitung

Zuerst die Erdäpfelsoße zubereiten. Dafür die geschälten Erdäpfel in Scheiben schneiden und in gesalzenem Wasser oder Fleischbrühe (je nach gewünschter Geschmacksrichtung) mit Lorbeerblättern, Thymianblättern und frischem Majoran weich kochen. Die Erdäpfel gut zerstampfen oder durch eine Erdäpfelpresse drücken; Kochwasser beiseitestellen.

Schmalz oder Butter in einer Kasserolle erhitzen, die sehr fein gehackte Zwiebel und eine gehackte Knoblauchzehe darin hellgelb anbraten, mit Mehl stauben und mit 2 Schöpfern Kochwasser aufgießen. Die pürierten Erdäpfel hineingeben, mit einer mit Salz aromatisierten, zerdrückten Knoblauchzehe, zerriebenem (getrocknetem) Majoran, Pfeffer und einem guten Schuss Essig abschmecken – nur wenn notwendig nachsalzen. Soße langsam einkochen lassen, bis sie eine sämige Konsistenz hat.

Die Wallerfilets salzen und leicht mit Mehl stauben. Reichlich Butter in einer großen Pfanne zerlassen und die Filets darin langsam braten, dabei eine zerdrückte Knoblauchzehe und die Kräuter dazugeben. Die Filets während des Bratens immer wieder mit Bratfett übergießen.

Währenddessen die Salami würfeln und in heißem Fett rundherum knusprig braten. Die Weißbrotscheiben in Butter beidseitig goldbraun braten, danach mit den halbierten Knoblauchzehen einreiben.

Auf große Teller jeweils eine geröstete Weißbrotscheibe mittig anrichten und ein gebratenes Wallerfilet daraufsetzen. Dann das Wallerfilet mit gerösteten Salamiwürfeln und einigen frischen Kräutern belegen. Großzügig Erdäpfelsoße angießen und sofort servieren.

Waller-Kräuter-Roulade im Speckmantel mit Steinpilzen und Wildkräuter-Rollgerstl

Zutaten für 4 Portionen

Waller-Kräuter-Roulade

4 Wallerfilets à 150–200 g
12 oder 16 dünne Scheiben Rohschinken oder Gailtaler Schinken
reichlich frische Kräuter (Petersilie, Rosmarin, Salbei etc.)
4 kleine Knoblauchzehen
Butter zum Braten
Salz, weißer Pfeffer aus der Mühle

Steinpilze

400–500 g kleine, feste Steinpilze
Öl, Salz, weißer Pfeffer aus der Mühle

Rollgerstl

350–400 g Rollgerste
ca. 1 ½ l Hühnerfond
ca. 125 ml Weißwein
1 Zwiebel
1 Knoblauchzehe
1 Bund Petersilie
2–3 EL beliebige frische Wildkräuter (Bärlauch, junge Brennnesseltriebe, Sauerampfer)
75 g geriebener, alter Bergkäse (24 Monate)
50 g eiskalte Butter
etwas Öl zum Braten
Butter zum Braten
Salz, Pfeffer aus der Mühle

Zubereitung

Die Wallerfilets wie ein Schnitzel waagrecht aufschneiden, sodass das Filet aber zusammenbleibt (Schmetterlingsschnitt). Aufklappen oder leicht plattieren. Die Kräuter mit den geschälten Knoblauchzehen zu einer homogenen, nicht zu feinen Masse mixen.

Fisch mit Salz und Pfeffer würzen, mit der Kräuterfarce bestreichen und wie eine Roulade von der langen Seite her einrollen. Jeweils 3 Scheiben Schinken (sind die Schinkenscheiben zu wenig breit, 4 Scheiben verwenden) leicht überlappend nebeneinander legen, eventuell mit restlichen Kräutern bestreuen und die Fischroulade darin einwickeln.

In einer Pfanne Butter erhitzen und den Fisch von allen Seiten nicht zu heiß anbraten, danach auf einen Rost legen und im vorgeheizten Ofen bei 140 °C in ca. 10 Minuten fertig garen

Die halbierten, geputzten Steinpilze bei hoher Hitze 2–3 Minuten anbraten, in die Fisch-Bratpfanne geben, mit Salz und Pfeffer würzen und fertig garen.

Für das Rollgerstl Zwiebel und Knoblauchzehe fein hacken und in einem Gemisch aus Öl und Butter anschwitzen. Die Gerste dazugeben und kurz mitschwitzen. Mit Weißwein ablöschen und einkochen lassen. So viel heiße Brühe dazugießen, dass das Getreide bedeckt ist. Während des Garens (wie bei einem Risotto) nach und nach Brühe dazugießen (dabei nur so viel Brühe zugießen, dass alles gerade bedeckt ist; dazwischen immer wieder warten, bis die Gerste die Flüssigkeit aufgenommen hat).

Unter gelegentlichem Rühren bei mittlerer Hitze ca. 30 Minuten garen, bis das Rollgerstl al dente ist. Das fertige Rollgerstl von der Flamme nehmen und die Kräuter untermischen Geriebenen Käse und kalte Butter einarbeiten, 2–3 Minuten ziehen lassen und eventuell mit einem Hauch Muskatnuss vollenden. Rollgerstl mit Salz und Pfeffer abschmecken.

Rollgerste mittig auf 4 Teller verteilen und jeweils eine schräg halbierte Wallerroulade daraufsetzen. Mit Steinpilzen umkränzen und mit Kräutern ausgarniert auftischen.

Forelle mit Gemüse im Blätterteig

Zutaten für 4 Portionen

4 filetierte Forellen
(à 150–200 g)
1 Karotte
1 Gelbe Rübe
½ Kohlrabi
½ Fenchelknolle
¼ Sellerieknolle
1 Zwiebel
1 Knoblauchzehe
125 ml Schlagobers
Schuss trockener Weißwein
1–2 EL Butter
Saft einer Zitrone
Salz, weißer Pfeffer aus der Mühle
2 P. Blätterteig
1 verquirltes Ei

Zubereitung

Forellenfilets mit Salz und Zitronensaft würzen. Sämtliches Gemüse putzen und in feine Streifen schneiden, Knoblauch sehr fein hacken. Butter in einer Kasserolle zerlassen, Zwiebel darin andünsten (keine Farbe nehmen lassen). Die Gemüsestreifen und den gehackten Knoblauch hinzugeben und bei Mittelhitze 5 Minuten rösten. Mit Weißwein und Obers aufgießen und weich dünsten, bis fast die gesamte Flüssigkeit verdampft ist.

Blätterteigbahnen halbieren. Auf jedes Blätterteigstück zuerst ein Forellenfilet legen, dieses großzügig mit Gemüse belegen und das zweite Filet mit der Hautseite nach oben darauflegen. Blätterteig über dem Fisch zusammenschlagen, sodass der Fisch darin vollkommen eingepackt ist.

Blätterteigtaschen mit den Schnittstellen nach unten auf ein mit Backpapier ausgelegtes Backblech legen und mit dem verquirlten Ei bestreichen. Im vorgeheizten Ofen bei 200 °C backen, bis der Blätterteig eine schöne Farbe hat. Auf Tellern anrichten und mit einer Soße nach Wahl auftischen.

Tipp

Als Soßen eignen sich etwa eine Krebsensoße (siehe Rezept »Edles aus Fluss und Teich«, Seite 150) oder eine Senf-Dille-Soße. Dafür 250 ml Schlagobers mit 250 ml Fischfond um die Hälfte einkochen, mit 1 EL Senf, 1 Bund gehackte Dillspitzen, etwas Zitronensaft, Feinkristallzucker, weißem Pfeffer und Salz abschmecken, eventuell mit Mehlbutter binden.

Forelle mit Kräuterfarce gefüllt

Ein wunderbares Rezept, für das die Forelle allerdings auf ganz besondere Art und Weise ausgenommen werden muss (wer sich das nicht zutraut, sollte seinen Fischhändler darum bitten). Mit ein wenig Übung ist die Sache aber gar nicht so schwer.

Zutaten für 4 Portionen

4 unausgeweidete Forellen
(à ca. 350–400 g)
120 g entrindetes Weißbrot
75 ml Schlagobers
2–3 Eier
5 EL gehackte, frische Kräuter
(Petersilie, Kerbel, Pimpernelle, Schnittlauch, Estragon und Minze oder Zitronenmelisse)
Weizenmehl zum Wenden
100 g Butterschmalz zum Braten
Salz, weißer Pfeffer aus der Mühle

Zubereitung

Die Forellen vom Kopf her ausnehmen. Hierfür zuerst die Kiemen mit einer Schere so umschneiden, dass der Schlund dranbleibt, danach Kiemen und Schlund mit anhängenden Innereien einfach herausziehen. Mit einem langen Löffel (z. B. Barlöffel) die Niere unter dem Rückgrat herauskratzen. Danach mit einem dünnen Löffelstiel durch die Afteröffnung fahren und den Enddarm entfernen. Den derart ausgeweideten Fisch innen und außen kalt abspülen.

Das Weißbrot in einer Küchenmaschine zerkleinern, danach mit Obers, Eiern, gehackten Kräutern, Pfeffer und Salz zu einer Farce verarbeiten. Diese Farce mit einer Gebäckspritze vom Kopf her in die Bauchhöhlen der Fische füllen. Durch zartes Drücken auf den Bauch die Masse gleichmäßig in den Fischen verteilen. Forellen pfeffern und salzen, dann in Mehl wenden.

In einer Pfanne das Butterschmalz erhitzen, Forellen bei Mittelhitze von beiden Seiten anbraten. Dann die Fische auf ein mit Backpapier ausgelegtes Blech legen und im vorgeheizten Backofen bei 180 °C ca. 6 Minuten nachgaren lassen. Schließlich die fertigen Fische mit Beilagen (siehe unten) auftischen.

Tipp

Als Beilagen eignen sich Salz- oder Petersilerdäpfel sowie grüner Salat ganz hervorragend.

Forelle mit »Gurktaler Luftgeselchtem Speck«

Der »Gurktaler Luftgeselchte Speck« ist ein ungeräucherter Speck von ganz besonders feinem Aroma; er hamoniert perfekt mit feinen Fischen wie Huchen, Saibling und eben Forelle.

Zutaten für 2 Portionen

2 küchenfertige Forellen (à ca. 300 g)
100 g Gurktaler Speck
Mehl zum Wenden
Sonnenblumenkernöl

Zubereitung

Den Speck in kleine Würfel oder Streifen schneiden. Die Forellen abspülen, abtupfen und in Mehl wenden, überschüssiges Mehl abklopfen.

Öl in einer schweren Pfanne erhitzen, die Forellen darin 6–7 Minuten auf einer Seite braten, dann vorsichtig wenden und den Speck hinzugeben. Die Fische auch auf der zweiten Seite ebenfalls 6–7 Minuten braten, dabei immer wieder mit dem eigenen Bratensaft übergießen.

Die Forellen auf Tellern anrichten und die knusprigen Speckwürfel darüber verteilen.

Tipp

Als Beilage empfehlen sich Grüner Salat (eventuell mit einem Speckdressing), geschmorte Eierschwammerln und mit Gurktaler Speck zubereitete Speckerdäpfel (siehe Rezept »Gebratene Lachsforelle mit Speckerdäpfeln«, Seite 147).

Lauwarme Forellenrolle auf Ingwer-Karotten und Semmelkren

Zutaten für 4 Portionen

Forellenrollen

4 Forellenfilets
Fischfond nach Bedarf
Weißweinessig oder Zitronensaft
Dillezweige
Pfefferkörner
Salz

Ingwer-Karotten

600 g mittelgroße Karotten
eventuell 1–2 Gelbe Rüben
1 Stück Ingwer (etwa 10–15 cm)
Zitronensaft, Butter
Feinkristallzucker, Salz

Semmelkren

4 altbackene Semmeln
kräftiger Hühnerfond nach Bedarf
125 ml Milch
125 ml Schlagobers
Butter nach Geschmack
2–4 EL frisch gerissener Kren
Schuss Essig
frisch geriebene Muskatnuss
Salz, Pfeffer aus der Mühle

Dillezweige zum Garnieren

Zubereitung

Die Forellenfilets häuten. Haut wegwerfen oder für die Garnitur beiseitelegen (wenn man sie als Garnitur verwendet, wird die Haut gesalzen, mehliert und in einer beschichteten Pfanne beschwert kross gebraten). Die Filets leicht salzen und zu Rouladen zusammenrollen (mit Zahnstochern fixieren oder binden). Rouladen in ein großes Glas füllen und mit einem kochend heißen Sud aus Fischfond, Essig (bzw. Zitronensaft), Dillezweigen, Pfefferkörnern und etwas Salz übergießen. 15–20 Minuten im Sud ziehen lassen (in Nähe der Herdplatte).

Währenddessen Karotten und Rüben putzen und in gleichmäßige Stifte schneiden In Salzwasser blanchieren, eiskalt abschrecken und in zerlassener Butter schwenken, dabei mit gehacktem Ingwer, Zitronensaft, Kristallzucker und Salz würzen.

Für den Semmelkren die Semmeln klein schneiden und im Fond einweichen. Butter in einer Kasserolle zerlassen, die eingeweichten Semmeln dazugeben Milch und Obers angießen und mit einem Schneebesen zu einer homogenen dickflüssigen Soße rühren; Konsistenz bei Bedarf mit Fond regulieren. Semmelkren mit reichlich frisch gerissenem Kren, Essig, frisch geriebener Muskatnuss, Pfeffer und Salz würzig abschmecken.

Mit dem Semmelkren auf 4 vorgewärmten Tellern jeweils einen großzügigen Soßenspiegel anrichten, darauf das Ingwer-Karotten-Gemüse dekorativ platzieren. Jeweils eine lauwarme Forellenroulade daraufbetten und mit der kross gebratenen Haut sowie einigen Dillezweigen garnieren und servieren.

Tipp

Man kann den Fisch so auch ungehäutet zubereiten (siehe Bild). Eine interessante Variante ergibt sich, wenn man den Semmelkren mit etwas Safran aromatisiert.

Gebratene Lachsforelle mit Speckerdäpfeln

Zutaten für 4 Portionen

Gebratene Lachsforelle

4 Lachsforellenfilets (à 180–200 g)
Mehl zum Stauben
Salz, Fett zum Braten

Speckerdäpfel

ca. 1 kg speckige Erdäpfel
200–250 g Bauchspeck (am besten »Gurktaler Luftgeselchter«)
2 mittelgroße Zwiebeln
Kümmel nach Belieben
Salz, Pfeffer aus der Mühle
1–2 EL Schmalz

Zubereitung

Erdäpfel in Salzwasser kochen, schälen, auskühlen lassen und in feine Scheiben schneiden. Zwiebel schälen und hacken, Speck in feine Streifen schneiden oder würfeln.

Schmalz in einer großen und weiten Pfanne erhitzen, Zwiebel darin goldgelb werden lassen. Speck und Erdäpfelscheiben dazugeben und rösten, bis die Erdäpfel eine leichte Farbe angenommen haben. Mit Kümmel, Pfeffer aus der Mühle und Salz abschmecken.

Die Forellenfilets sauber parieren, salzen und auf der Hautseite mit Mehl stauben. Auf der Hautseite in Fett braten, bis sie kross sind. Wenden und auch auf der Fleischseite einige Minuten braten. Zusammen mit den Erdäpfeln anrichten.

Tipp

Statt Lachsforellen können Sie auf diese Weise auch Saiblinge oder Forellen zubereiten.

Gebratenes Filet vom Kärntna Låxn auf knackigem Zucchini-Kohlrabi-Gemüse

Zutaten für 4 Portionen

Gebratenes Låxnfilet

4 Filets vom Kärntna Låxn
à 150–180 g (oder auch Huchen)
frisch gemahlener Koriander
aus der Mühle
etwas Zitronensaft
Salz, weißer Pfeffer aus der Mühle

Zucchini-Kohlrabi-Gemüse

2 kleinere Zucchini
2 kleinere Kohlrabi
1 geschälte und mit dem Handballen angedrückte Knoblauchzehe
2 EL fein geschnittener Liebstöckel
1 EL fein gehackte Petersilienblätter
1 EL fein gehackte Minzeblätter
Schuss Schlagobers
1 EL Butter
1–2 EL Olivenöl
Salz, weißer Pfeffer aus der Mühle

Zubereitung

Zucchini waschen und in feine Streifen schneiden, Kohlrabi schälen und ebenfalls in feine Streifen schneiden. Olivenöl mit Knoblauchzehe in einer Kasserolle erhitzen, das Gemüse kurz darin anbraten, dann die Kräuter dazugeben und die Hitze ganz klein drehen. Kurz vor dem Servieren Butter untermischen, das Gemüse (es sollte nicht weich gegart sein) abschmecken und mit einem Schuss Obers verfeinern.

Filets entgräten, mit wenig Zitronensaft, einem Hauch Koriander, Pfeffer und Salz würzen. Fett in einer großen Pfanne erhitzen und die Filets auf der Hautseite kross braten. Fisch wenden und im warmen Ofen noch 2–3 Minuten nachziehen lassen.

Das Gemüse auf Tellern anrichten und die Fischfilets darauf betten. Nach Belieben garnieren.

Fischteller »Edles aus Fluss und Teich«

Zutaten für 2 Portionen

4 nicht zu große Lachsforellenfilets
4 Forellenfilets, 4 Saiblingsfilets
12 gekochte Flusskrebse
12 Froschschenkel
glattes Weizenmehl zum Wenden
feine Semmelbrösel (am besten aus Toastbrot gerieben)
Butterschmalz zum Braten und Backen
1 Ei, Salz

Soße

300 ml kräftiger Fischfond (am besten aus der Karkasse der verwendeten Fische gekocht)
75 ml trockener Weißwein
125 ml Schlagobers
1 Glas fertige Krebsbutter oder selbst gemachte (siehe Rezept »Hechtnocken in Sauerampfersoße«, Seite 90)
eventuell Schuss Cognac
1–2 EL Weizenmehl, 2 EL Butter
Salz, weißer Pfeffer aus der Mühle

Nudelteig

350–400 g Weizenmehl
6 Eier
Saft von 1 oder 2 Zitronen
Wasser nach Bedarf, Salz
1–2 EL Butter

4 TL Forellen- oder Saiblingskaviar
Dille und/oder Minze zum Garnieren

Zubereitung

Für den Nudelteig aus den angegebenen Zutaten einen festen Teig herstellen. In Folie wickeln und 1 Stunde im Kühlschrank rasten lassen. Teig (vorzugsweise mit einer Maschine) dünn ausrollen, zu gleichmäßigen, etwa 1–2 cm breiten Nudeln schneiden und auf einem Tuch trocknen lassen.

Fischfond und Weißwein (von der Soße) aufkochen lassen, Hitze zurücknehmen und die Froschschenkel darin 10 Minuten köcheln lassen. Froschschenkel herausnehmen, Fond beiseitestellen. Die Froschschenkelpaare auseinander nehmen, Unterschenkel entfernen und die Oberschenkel sauber zurechtmachen (das Fleisch nach vorne schieben). Die Froschschenkel salzen, in Mehl wenden, durch das verquirlte Ei ziehen, in den Bröseln panieren und beiseitelegen.

Die Fischfilets auf eventuell verbliebene Gräten untersuchen und entfernen. Fischfilets salzen und auf der Hautseite dreimal leicht einschneiden, danach die Hautseite zart mehlieren.

Für die Soße Butter erhitzen, das Mehl darin hell rösten, mit dem Fond ablöschen (wer mag, gibt einen Schuss Cognac dazu) und sämig einkochen lassen. Mit Obers aufgießen, die Krebsbutter einrühren, leise köcheln lassen und abschmecken.

Die Fischfilets auf der Hautseite in Butterschmalz braten, bis die Haut knusprig ist. Kurz wenden und auch die Fleischseite (nicht länger als 30 Sekunden) garen. Froschschenkel in Butterschmalz goldbraun ausbacken. Zwischenzeitlich die hausgemachten Nudeln in Salzwasser garen, abtropfen lassen und in zerlassener Butter schwenken.

Von der Soße einen großzügigen Spiegel auf vier große Teller geben. Nudeln mit einer Fleischgabel aufdrehen und jeweils eine Portion in die Tellermitte setzen. Fischfilets, Flusskrebse (Schwanzfleisch eventuell vom Panzer befreien) und Froschschenkel wie auf dem Bild anrichten, Je 1 TL Kaviar auf die Nudeln geben und alles mit Dille und/oder Minze ausgarniert sofort servieren.

Creme vom weißen Landmais mit kross gebratener Reinanke und Salatbutter

Zutaten für 4 Portionen

Gebratene Reinanke

4 Filets von der Reinanke
(à etwa 180 g)
Erdäpfelmehl zum Stauben
Butterschmalz zum Braten
Salz

Creme

125 g weißer Landmais
200 ml Milch mit 400 ml Wasser
vermischt
Schlagobers und Butter
nach Geschmack
1–2 EL geriebener, alter Bergkäse
frisch geriebene Muskatnuss
Salz, weißer Pfeffer aus der Mühle

Salatbutter

1 Kopfsalat
1 Handvoll Rucola
4 EL Butter
Salz

Zubereitung

Für die Creme Milch und Wasser erhitzen, Mais einrieseln lassen und zu einer dicklichen Polenta verkochen. Die Grießmasse mit Käse, Obers und Butter verfeinern und mit Muskatnuss, Pfeffer und Salz abschmecken – die Konsistenz sollte cremig sein, bei Bedarf noch etwas Obers dazugeben.

Für die Butter die Salatblätter waschen, verlesen und mit den Händen zupfen. 2–3 EL Wasser in einer Kasserolle erhitzen, die Salatblätter dazugeben, Topf vom Herd nehmen, Deckel auflegen und den Salat in der Wärme zusammenfallen lassen.

Alles in einem Cutter fein mixen und anschließend durch ein Tuch filtern. Den konzentrierten Salatsaft erhitzen und vom Herd nehmen. Mit eiskalten Butterflocken (eventuell werden Sie etwas mehr Butter brauchen) aufmixen und mit Salz abschmecken.

Die Fischfilets salzen, auf der Hautseite in Erdäpfelmehl wenden und in Butterschmalz kross braten.

Creme auf Tellern anrichten und jeweils ein Fischfilet mittig daraufsetzen. Mit der Salatbutter beträufelt auftischen.

Tipp

Das Rezept schmeckt auch hervorragend, wenn man es statt mit Reinanke mit Huchen zubereitet.

Huchen in der Mandelkruste
mit Herzoginerdäpfeln und Fisolensalat

Auf den ersten Blick eine etwas ungewöhnliche Zusammenstellung. Aber sie werden sehen, alles harmoniert wunderbar!

Zutaten für 4 Portionen

Huchen in der Mandelkruste

1 Filetstück vom Huchen (600–800 g)
30–40 ml Zitronensaft
2 ½ EL Weizenmehl
2–3 Eidotter
1 Eiklar
120 g gehobelte Mandeln
Butter
Salz, weißer Pfeffer aus der Mühle

Für die Soße

300 ml trockener Weißwein
1 Zwiebel
1 Karotte
1 Scheibe Knollensellerie
1 Stange Lauch (nur das Weiße)
1 Petersilienwurzel
1–2 Lorbeerblätter
250 ml Crème fraîche
(oder Sauerrahm)
Salz, weißer Pfeffer aus der Mühle

Herzoginerdäpfel

750 g mehlige Erdäpfel
100–125 g weiche Butter
6 Eidotter
frisch geriebene Muskatnuss
Salz

Fisolensalat

400–500 g Fisolen
4 EL Pflanzenöl (Distel- oder Rapsöl)
4 EL Hesperiden- oder Mostessig
½ TL Feinkristallzucker
1 Zwiebel
Bohnenkraut oder Dille
nach Geschmack
Salz, weißer Pfeffer aus der Mühle

Zubereitung

Den Huchen mit Zitronensaft beträufeln und im Kühlschrank 30 Minuten ziehen lassen. Währenddessen das Gemüse für die Soße putzen und klein schneiden. Wein in eine Kasserolle geben, Gemüse sowie Lorbeerblätter hinzufügen und alles bei Mittelhitze 10–15 Minuten durchkochen lassen. Den Fond durch ein Sieb in eine Schüssel gießen.

Für die Herzoginerdäpfel die Erdäpfel in Salzwasser kochen, schälen und durch eine Presse drücken. Die lauwarme Erdäpfelmasse mit weicher Butter, 4 Eidottern, frisch geriebener Muskatnuss und Salz verrühren. Masse in einen Spritzbeutel mit großer Sterntülle füllen und damit kleine Rosetten auf ein gefettetes Backblech spritzen. Die restlichen 2 Eidotter mit wenig Wasser verrühren, die Herzoginerdäpfel damit einstreichen und – unmittelbar vor dem Servieren – im vorgeheizten Ofen bei 225 °C goldbraun backen.

Für den Salat die Fisolen waschen, putzen (Enden und Fäden entfernen) und nach Belieben ganz lassen oder halbieren. Fisolen in leicht gesalzenem Wasser (damit die schöne Farbe erhalten bleibt, können Sie etwas Natron dazugeben) 3 Minuten blanchieren (wer es weicher will, belässt es 2–3 Minuten länger im Kochwasser), dann sofort kalt abschrecken. Zwiebel schälen und in feine Ringe hobeln. Aus Öl, Essig, Kristallzucker, Kräutern, Pfeffer und Salz eine Marinade herstellen. Fisolen in eine Schüssel füllen und mit der Marinade vermischen. Die Zwiebel darübergeben und kalt stellen.

Das Fischfilet von beiden Seiten salzen, pfeffern und im Mehl wenden. In einer ausreichend großen (ofenfesten) Pfanne 1–2 EL Butter erhitzen, den Fisch von beiden Seiten anbraten, herausnehmen und abkühlen lassen. Den Bratensatz in der Pfanne mit dem vorbereiteten Fond loskochen, danach alles auf etwa 250 ml einkochen lassen. Vom Herd nehmen, pfeffern, salzen und die Crème fraîche einrühren Soße in eine Schüssel füllen und beiseitestellen.

Das Fischfilet in die Pfanne legen und mit einem leicht verschlagenen Eidotter bestreichen. Großzügig mit Mandeln bedecken. Die restlichen Eidotter mit dem leicht angeschlagenen Eiklar vermischen und über den Mandeln verteilen. Fisch mit Butterflocken belegen und die Soße rundum angießen. Im vorgeheizten Ofen den Fisch bei 190 °C auf der mittleren Schiene (Oberhitze) backen, bis die Mandeln goldbraun sind.

Tipp

Sie können den Fisch in der Pfanne servieren und die Beilagen separat dazureichen. Oder Sie richten alles auf schönen Platten an. Ich tische alles im Kochgeschirr auf und richte die Teller bei Tisch an!

Auf der Haut gebratenes Huchenfilet auf Flusskrebs-Spargel-Gröstl und Morchelrahmsoße

Zutaten für 4 Portionen

Gebratener Huchen

4 Huchenfilets à ca. 125 g
Erdäpfelmehl
Salz
Butterschmalz zum Braten

Gröstl

12–16 Stangen weißer Spargel
24 gekochte Flusskrebsschwänze
4–6 größere, geschälte, gekochte Erdäpfel
2 Handvoll Fisolen
1 Zwiebel
125 g Bauchspeck
1 EL Butterschmalz
Salz, weißer Pfeffer aus der Mühle

Morchelrahmsoße

150–200 ml brauner Fischfond (ersatzweise Hühnerfond))
250 ml Schlagobers
50–75 g getrocknete Morcheln
etwas Cognac
½ EL Weizenmehl
½ EL Butter
Salz

Zubereitung

Die Morcheln 2 Stunden in Wasser einweichen. Huchen sauber parieren, salzen und die Haut mit Erdäpfelmehl einstauben.

Für das Gröstl die Erdäpfel in Schieben schneiden, die Zwiebel fein hacken, Fisolen putzen (wenn gewünscht kurz in kochendem Salzwasser blanchieren) und den Bauchspeck in feine Streifen schneiden. Vom Spargel die Spitzen abschneiden und halbieren (restlichen Spargel zum Beispiel für eine Suppe verwenden).

Butterschmalz in einer Pfanne zerlassen, Erdäpfel darin rösten, dann auch den Spargel und die Fisolen dazugeben. Auf guter Hitze rösten, bis alles leichte Farbe hat, dann Zwiebel und Speck hinzufügen und alles zu schöner Farbe fertigrösten (Speck sollte nicht zu lange geröstet werden). Gröstl würzen und zum Schluss die gekochten Flusskrebsschwänze untermischen. Fertiges Gröstl beiseitestellen.

Für die Soße zwischenzeitlich die Morcheln (große Exemplare halbiert) durch ein Sieb gießen und den Einweichsaft filtern. Morcheln in Butter anlaufen lassen, mit wenig Mehl stauben, mit Fond oder Brühe aufgießen und auf die Hälfte einkochen lassen. Obers dazugießen und erneut sämig einkochen. Soße mit Cognac und Salz abschmecken.

Huchen in heißem Butterschmalz auf der Hautseite braten. Gröstl auf vorgewärmte Teller anrichten, mit etwas Morchelrahmsoße überziehen und jeweils ein Huchenfilet darauf platzieren.

Gebratener Aal mit Edelpilzen

Dass Kärnten ein Pilzland ist, dürfte bekannt sein. Weniger bekannt hingegen ist die Tatsache, dass es in Kärnten in zahlreichen Talseen Aale gibt. Diese sind zwar nicht heimisch, jedoch sind es »Überbleibsel« von Fischbesatzungen, die in früheren Tagen vorgenommen wurden.

Da Aale bis zu 80 Jahre alt werden können, sind sie auch heute noch – insbesondere in kapitalen Größen – in Kärntner Seen vorhanden. Wenngleich man allerdings auch feststellen muss, dass die Bestände zum Teil drastisch zurückgegangen sind.

Dennoch hier ein wunderbares Gericht mit dem aromatischen Fisch, denn das erdige Aroma der Pilze harmoniert wunderbar mit dem ebenfalls leicht erdigen Aroma des Fisches.

Zutaten für 4 Portionen

1 Aal (ca. 800–1000 g)
350 g frische Edelpilze (Steinpilze, Maronen und Eierschwammerln)
2 Schalotten
125 ml Schlagobers
75 g Butterschmalz
Weizenmehl zum Wenden
Salz, weißer Pfeffer aus der Mühle

Zubereitung

Sofern das noch nicht vom Fischhändler gemacht worden ist, den Aal häuten, filetieren und in Portionsstücke schneiden. Pilze putzen, unschöne Stellen und Stiele abschneiden. Das Obers erhitzen, die Pilzabschnitte dazugeben und 5 Minuten köcheln lassen; Topf vom Herd nehmen.

Die Schalotten sehr fein hacken, die Aalstücke pfeffern, salzen und in Mehl wenden. In einer großen Bratpfanne die Hälfte vom Butterschmalz erhitzen, die Aalstücke bei nicht zu großer Hitze darin rundum schön goldbraun braten. Fertigen Aal mit einer Schaumkelle herausnehmen und warm stellen (zum Beispiel im Ofen).

Fett aus der Pfanne abgießen, durch das restliche (frische) Butterschmalz ersetzen und erhitzen. Im heißen Fett zunächst die Schalotten anschwitzen, dann die Pilze dazugeben und scharf braten. Das vorbereitete Obers durch ein Haarsieb zu den Pilzen gießen (Siebinhalt ausdrücken), pfeffern und salzen. Nun können Sie entweder die Pilze als Beilage zum Aal auftischen oder Sie lassen den Aal noch eine Weile in der Pilzsoße ziehen und servieren einen grünen Salat dazu.

Tipp

Wenn Sie den Aal nicht in der Pilzsoße ziehen lassen möchten, so empfiehlt es sich, Pilze und Aal in zwei separaten Pfannen zuzubereiten, damit sie möglichst gleichzeitig gar werden.

Warmer Räucheraal mit Pilzgröstl

Zutaten für 2 Portionen

1 junger Aal (möglichst frisch aus der Räucherkammer)
6 mittelgroße, geschälte, gekochte Erdäpfel
150–200 g frische Eierschwammerln
1 mittlere, fein gehackte Zwiebel
2 EL fein gehackte Petersilienblätter
Butterschmalz nach Geschmack
Pfeffer aus der Mühle
Salz

Zubereitung

Erdäpfel in Scheiben schneiden, in Butterschmalz beidseitig hellgelb anbraten, aus dem Fett nehmen und abtropfen lassen. Das Fett stark erhitzen und die Pilze darin rasch abbraten, aus der Pfanne nehmen und beiseitestellen.

Zwiebel im Fett glasig werden lassen, die Pilze wieder dazugeben und auf milder Hitze rösten, bis sie ihren vollen Geschmack entwickeln (das dauert etwa 5 Minuten). Die Erdäpfel wieder in die Pfanne geben und alles zusammen fertig rösten. Die Zwiebel sollte keinesfalls braun werden und die Erdäpfelscheiben nur leicht geröstet sein. Mit Petersilienblättern, Pfeffer und Salz würzen. Wer mag, gibt auch etwas gemahlenen Kümmel dazu.

Den möglichst ofenfrischen Räucheraal häuten, filetieren und dekorativ auf einer Platte oder zwei Tellern anrichten. Das Pilzgröstl dazugeben und sofort servieren.

Tipp

Ist kein ofenfrischer Räucheraal zur Hand, so können Sie den Räucheraal auch im Ofen (oder sogar in der Mikrowelle) wärmen. Denn beim warmen Fisch lässt sich nicht nur die Haut leichter abziehen, er schmeckt auch wesentlich aromatischer. Das Rezept gelingt auch mit heiß geräucherter Reinanke oder geräuchertem Huchen sehr gut!

Gebratene Störkoteletts auf Latschenrisotto

Latschen sind Bergkiefern, die sehr kleinwüchsig sind. Die jungen Triebe sind essbar und hocharomatisch, Sie können stattdessen auch junge Zirben- oder Fichtentriebe nehmen, aber Latschentriebe geben dem Gericht eine weitaus schönere Farbe.

Für dieses Rezept benötigen Sie eine Latschenbutter, die vorzugsweise im Pacojet hergestellt wird. Es ist aber auch mit einem »normalen« Mixer möglich. 125 g zarte Nadeln der jungen Frühjahrstriebe mit 250 g weicher Butter im Mixer möglichst fein pürieren und anschließend die aromatisierte Butter kalt stellen. Die Mischung lässt sich auch gut einfrieren, sollte dann aber vorportioniert werden.

Zutaten für 2 Portionen

Gebratene Störkoteletts

4 dicke Koteletts vom Stör (à ca. 150–180 g)
Weizenmehl zum Wenden
75 g Butter
Salz, weißer Pfeffer aus der Mühle

Risotto

350–400 g Risottoreis (Carnaroli oder Vialone nano)
4 Schalotten
1 ½ l Hühnerfond (man wird nicht alles brauchen)
125 ml trockener Weißwein
2–3 EL Olivenöl extra vergine
3 gute EL Latschenbutter (mindestens 125 g, besser 150 g)
50 g frisch geriebener, alter Bergkäse
Salz, weißer Pfeffer aus der Mühle

Zubereitung

Für den Risotto die Schalotten schälen, möglichst fein hacken und in einer Kasserolle mit etwas Olivenöl andünsten. Den Reis dazugeben und schwenken, bis alle Körner glänzen. Mit Weißwein ablöschen und einkochen lassen. Risotto nach und nach mit heißer Brühe aufgießen und etwa 20 Minuten leise köcheln lassen. Die Körner des Risotto sollten gar, aber innen noch bissfest sein. Risotto vom Herd nehmen, mit der Latschenbutter, geriebenem Käse, Pfeffer und Salz würzen, gut vermengen und 3 Minuten nachziehen lassen.

Die abgespülten Störkoteletts abtupfen, mit Salz und Pfeffer würzen und in Mehl wenden; überschüssiges Mehl abklopfen. Butter in einer Pfanne erhitzen und die Koteletts beidseitig goldbraun braten.

Risotto auf Teller verteilen und jeweils ein Kotelett darauf anrichten. Eventuell jeweils mit einem Nockerl Latschenbutter krönen und sofort servieren.

Tipp

Sie können statt der Latschentriebe zum Beispiel auch Rosmarinnadeln zu einer derartigen Butter verarbeiten.

Stör aus dem Wurzelsud
mit Krenpüree und Wurzelheu

Zutaten für 4 Portionen

4 schöne Scheiben Störfilet
(à ca. 150–180 g)

Wurzelsud

2 Karotten
1 Gelbe Rübe
1 Stück Knollensellerie
1 Stange Lauch (nur das Weiße)
1 Petersilwurzel
2 Zwiebeln (oder 4 Schalotten)
3–4 Knoblauchzehen
2–3 Lorbeerblätter
2 Thymianzweige
(vorzugsweise wilder)
abgeriebene Schale
einer unbehandelten Zitrone
1 Flasche sehr guter,
trockener Weißwein
1 EL weiße Pfefferkörner
Salz

Soße

eingekochter Sud
150 g eiskalte Butterflocken

Wurzelheu

2 Karotten
2 Gelbe Rüben
1 speckiger Erdapfel
Öl zum Frittieren
Salz

Krenpüree

800 g mehlige Erdäpfel
250 ml Schlagobers
75–100 g Butter
frisch gerissener Kren nach Belieben
frisch geriebene Muskatnuss
Salz, weißer Pfeffer aus der Mühle
etwas Kernöl

Zubereitung

Für den Fischsud das Gemüse (außer dem Knoblauch) putzen bzw. schälen und in nicht zu feine Streifen schneiden. Das Gemüse ohne Fettzugabe in einer Kasserolle bei milder Hitze 5–8 Minuten dünsten, bis es duftet. Mit Weißwein ablöschen, 1 l Wasser dazugießen und salzen.

Ganze Knoblauchzehen, Lorbeerblätter, Thymianzweige, abgeriebene Zitronenschale und Pfefferkörner hinzufügen und den Sud bei milder Hitze 15 Minuten mehr ziehen als köcheln lassen. Die gesalzenen und gepfefferten Störfilets darin zugedeckt 8–10 Minuten pochieren. Fisch und Gemüse aus dem Sud nehmen, in Alufolie packen und im vorgeheizten Ofen bei 70–80 °C warm halten. Den Fischsud filtern und bei guter Hitze auf etwa 250–300 ml einkochen lassen.

Währenddessen die Erdäpfel für das Püree in Salzwasser weich kochen. Unter Zugabe von Obers und Butter zu einem Püree zerstampfen (das Püree darf ruhig Erdäpfelstücke enthalten) und mit frisch gerissenen Kren, Muskatnuss, Pfeffer und Salz abschmecken. Kurz vor dem Servieren etwas Kernöl dazugeben und nur lose unterziehen, so dass es nicht zur Gänze mit dem Püree vermischt ist.

Für das Wurzelheu den geschälten Erdapfel und das geputzte Gemüse in sehr feine Streifen schneiden und vermengen. Aus den Gemüsestreifen 4 »Heuballen« formen und unmittelbar vor dem Servieren in heißem Fett schwimmend knusprig ausbacken lassen. Abtropfen und leicht salzen.

Zur Vollendung der Soße den reduzierten Fond mit reichlich eiskalten Butterflocken abbinden (wer eine mollige Soße will, kann zusätzlich eine Kugel Mehlbutter einrühren).

Das gekochte Gemüse vom Fischsud lose auf 4 große, vorgewärmte Teller verteilen und gut mit Soße benetzen. Das Püree mithilfe eines Spritzsacks mit großer Sterntülle kranzförmig aufspritzen und den Fisch daraufbetten. Das Fischfilet mit dem frittierten Wurzelheu toppen und sofort servieren.

Lauwarmes Störfilet mit Kaviar auf knusprigem Hadnsterz

Zutaten für 4 Portionen

Lauwarmes Störfilet

4 Störfilets à 100–125 g
(vorzugsweise vom Rücken)
etwas Fischfond
reichlich Butter

Hadnsterz

200 g Buchweizenmehl
200 ml Wasser
(besser: Fisch- oder Hühnerfond)
2–3 EL Butter
Salz

1 unbehandelte Zitrone
4 EL Sauerrahm
Salz
4 EL echter Störkaviar
4 kleine Estragonzweige

Zubereitung

Die sauber parierten und gesalzenen Störfilets mit reichlich zerlassener Butter bei ganz milder Hitze 15 Minuten unter öfterem Wenden rundherum garen – der Fisch darf dabei nicht anbraten und die Butter nicht braun werden. Der Stör sollte innen fast noch glasig bleiben, aber durchgewärmt sein.

Zitronenzeste in Salzwasser oder Fischfond blanchieren, kalt abschrecken und für die Garnitur beiseitelegen.

Zwischenzeitlich den Sterz zubereiten. Dafür Butter in einer Pfanne zerlassen, Buchweizenmehl einrühren und etwas abrösten, dann mit Wasser oder Fond aufgießen.

Die Masse salzen und langsam braten, dabei immer wieder auflockern. Zum Schluss sollte der Sterz bröselig, aber saftig und keinesfalls zu trocken sein. Mit Salz und frischer Butter abschmecken.

Sterz mithilfe eines Servier- oder Anrichterings mittig auf 4 Teller verteilen. Jeweils ein lauwarmes Störfilet darauf betten und neben dem Stör 1 EL abgerührten und mit Zitronensaft und Salz abgeschmeckten Sauerrahm aufbringen. Ein schönes Kaviarnockerl auf den Sauerrahm setzen und das Gericht mit Estragon und Zitronenschale garniert servieren.

Kärntner Fischlokale und ihre Rezepte

Der Tschebull

Seit 1849 besteht diese Gastwirtschaft am Faaker See und bis heute versteht sie sich auch als solche. Die kulinarische Mission, die von der Familie Tschemernjak mit Herzblut und Leidenschaft gepflegt wird, ist eine – inzwischen über Generationen gewachsene – »Tschebull«-Trademark geworden: simpel, aber großartig. Gerade die scheinbar alltäglichen und einfachen Gerichte kocht man hier mit der allergrößten Begeisterung und einer herausragenden Selbstverständlichkeit.

»Uns geht es nicht um falsch verstandene Modernität, sondern um das Bewahren großer Küchentraditionen interpretiert in unserer kulinarischen Neuzeit. Die besten Grundprodukte unserer Alpen-Adria-Region sind die Schatztruhe unserer Köstlichkeiten. Frische und Qualität sind nicht die löbliche Ausnahme, sondern tägliche Selbstverständlichkeit. Als Kärntner Gastwirtschaft wollen wir Heimweh nach den Bilderbuchgenüssen längst vergessener kulinarischer Erinnerungen von früher wecken.

Damals wie heute verteidigen wir die Verfeinerung des authentischen und natürlichen Genusses gegen eine inflationäre Globalisierung falsch verstandener kulinarischer Fusionen. Der Sehnsucht unserer Gäste nach einer natürlichen kulinarischen Klarheit und unkomplizierten Einfachheit – am Teller wie auch im Ambiente – wollen wir als Gastgeber im Tschebull Rechnung tragen.«

So viel zur Philosophie von Hans und Hannes Tschemernjak. Eine gelebte Philosophie, die zum Konzept geworden ist, denn mit größtmöglicher Konstanz wird hier jeden Tag aufs Neue darauf geachtet, dieser gerecht zu werden.

Und so erlebt man als Gast hier tatsächlich das, was man mittlerweile vielerorts vermisst; das Selbstverständliche, das Ungezwungene, das Unverfälschte, die reine Gastfreundschaft und die Lust am Genuss der Geschmäcker der Heimat. Eine Gastwirtschaft aus dem Bilderbuch und Gerichte, die mit Fug und Recht als »Schmaus« bezeichnet werden dürfen (vielleicht sogar so bezeichnet werden wollen). Das kulinarische Kärnten in seiner vielleicht reinsten Form!

Familie Tschemernjak
Egger Seeuferstraße 26
A-9580 Egg am Faaker See
Tel: +43 4254 219
Fax: +43 4254 219-137
www.tschebull.com

Faaker-See-Fischsuppe mit Kärntner Bruschetta

Zutaten für 4 Portionen

Fischsuppe

200 g Karpfenfilet
200 g Zanderfilet
200 g Seeforellenfilet
150 g gehackte Schalotten
6 fein gehackte Knoblauchzehen
1 EL gehackte Petersilienblätter
200 ml Weißwein (Riesling)
3 EL trockener Met mit
Wermutkraut angesetzt
1 ¼ l Fischfond oder Wasser
50 g Karottenwürfel
50 g Selleriewürfel
50 g Gelbe-Rüben-Würfel
1 Lorbeerblatt
Safran, Thymian
1 Spritzer Apfelessig
80 ml Olivenöl
Salz, Pfeffer aus der Mühle
30 g Lauchstreifen

Bruschetta

8 Scheiben Sauerteig-
Weißbrotscheiben
4 Knoblauchzehen
50 g Butter
30 ml Kürbiskernöl
Salz, Pfeffer aus der Mühle

Zubereitung

Für die Bruschetta die weiche Butter mit den zerdrückten Knoblauchzehen, Salz und Pfeffer schaumig und das Kürbiskernöl einrühren. Die Weißbrotscheiben auf der Grillplatte anrösten und mit der Kürbis-Knoblauch-Butter bestreichen.

Für die Suppe die gehackten Schalotten gemeinsam mit Knoblauch und Petersilienblättern in heißem Olivenöl kurz anrösten. Mit Weißwein sowie Met ablöschen, mit Fischfond aufgießen und etwas einkochen lassen.

Dann Karotten-, Sellerie- und Gelbe-Rüben-Würfel dazugeben. Mit Salz, Pfeffer, Safran, Thymian, Apfelessig sowie Lorbeerblatt aromatisieren und das Gemüse weich kochen.

Die sorgfältig entgräteten Fischfilets in mundgerechte Stücke schneiden. Gemeinsam mit dem geschnittenen Lauch in die Suppe geben und kurz ziehen lassen. In vorgewärmten Tellern anrichten und Kärntner Bruschetta dazureichen.

Faaker-See-Renkenfilet mit Spargelsoße

Zutaten für 4 Portionen

800 g Renkenfilet (Reinanke)
Zitronensaft, Mehl
Olivenöl zum Braten
Salz, Pfeffer aus der Mühle

Spargelsoße

8 Stangen gekochter grüner Spargel
4 Stangen gekochter weißer Spargel
40 g Butter
60 g fein gehackte Zwiebeln
1 KL Mehl
100 ml Weißwein
100 ml Schlagobers
100 g Crème fraîche
Salz, frisch geriebene Muskatnuss

Kürbistapenade

100 ml gutes kalt gepresstes Olivenöl
120 g süßsauer eingelegtes, klein geschnittenes Kürbisfleisch
Saft von einer Zitrone
30 g geröstete Kürbiskerne

Zubereitung

Für die Kürbistapenade das Olivenöl mit Zitronensaft den süßsauer eingelegten Kürbiswürfeln und den gehackten Kürbiskernen vermengen.

Für die Spargelsoße die Zwiebeln in heißer Butter anlaufen lassen, mit Mehl stauben, mit Weißwein ablöschen und etwas einkochen lassen. Obers und Crème fraîche dazugeben, kurz durchmixen und mit Salz und Muskatnuss abschmecken. Gekochten weißen Spargel in kleine Stücke schneiden, grünen Spargel (außer den Spitzen) ebenso vorbereiten, alles in der Soße aufkochen lassen und warm stellen.

Die portionierten Renkenfilets salzen, pfeffern und mit Zitronensaft beträufeln, in Mehl tauchen und in heißem Olivenöl zuerst mit der Hautseite nach unten und anschließend kurz auf der Fleischseite saftig braten.

Die fertig gebratenen Renkenfilets auf der Spargelsoße anrichten. Mit den Spargelspitzen garnieren und eventuell mit Kürbistapenade umkränzen.

Filet von der gebratenen Ossiacher-See-Schleie auf Erdäpfelsoße und Bärlauch

Zutaten für 4 Portionen

Erdäpfelsoße

45 g Butter
90 g feine Zwiebelwürfel
5 g Mehl
60 ml Weißwein
350 ml Rindsuppe
200 g gekochte, mehlige Erdäpfel
100 g Crème fraîche
frische Majoranblätter
Chilipulver
1 Lorbeerblatt
frisch geriebene Muskatnuss
Streuwürzmittel (Aromat)
Salz

Schleie

1 kg Schleienfilet
4–6 EL Olivenöl zum Braten
griffiges Weizenmehl
150 g Zwiebelringe
Öl für die gerösteten Zwiebelringe
Salz, Pfeffer aus der Mühle
Zitronensaft

10 Bärlauchblätter

Zubereitung

Zunächst die Zwiebelringe in Mehl wälzen, überschüssiges Mehl absieben und die Ringe in heißem Öl knusprig braten, auf Küchenpapier abtropfen lassen und beiseitestellen.

Für die Erdäpfelsoße die Zwiebelwürfel in Butter anlaufen lassen, mit Weißwein ablöschen, mit Rindsuppe aufgießen und kochen lassen. Die frisch gekochten Erdäpfel dazupressen, leicht köcheln lassen, mit dem Stabmixer auf- und Crème fraîche dazumixen. Das Lorbeerblatt dazugeben, mit Salz, geriebener Muskatnuss, Streuwürzmittel und wenig Chilipulver abschmecken. Die überbrühten Majoranblätter dazugeben und die Soße warm stellen.

Das gesäuberte Schleienfilet portionieren (eventuell mit der Pinzette Gräten ziehen), trocken tupfen und mit Salz, Pfeffer und Zitronensaft würzen. Die Hautseite in griffiges Mehl tauchen, abschütteln und in der Pfanne in heißem Olivenöl zuerst mit der Hautseite nach unten und dann kurz auf der anderen Seite saftig braten.

Die Bärlauchblätter auf den heißen Tellern platzieren, Erdäpfelsoße daraufgeben, die saftig gebratenen Schleiefilets darauf anrichten und mit den gerösteten Zwiebelringen garnieren.

Hechtstrudel auf Rote-Rüben-Soße

Zutaten für 4 Portionen

400 g Hechtfilet (ohne Haut und Gräten)
ca. 300 ml Schlagobers
50 g Eiweiß
½ EL fein gehackte Dille
2 EL Butter
1 P. Strudelteig
1 Ei zum Bestreichen
eventuell griffiges Weizenmehl
frisch geriebene Muskatnuss
Salz, Pfeffer aus der Mühle

Rote-Rüben-Soße

200 g Rote Rüben
80 g Crème fraîche
50 g Butter
450 ml Fischfond oder Wasser
1 TL feiner Tafelkren
Streuwürzmittel (Aromat)
Salz, weißer Pfeffer aus der Mühle
eventuell Zitronensaft

Sauerrahm und Dille zum Garnieren

Zubereitung

Das Hechtfilet in kleine Würfel schneiden und im Tiefkühlschrank nur leicht anfrieren lassen. Die gut durchgekühlten Fischwürfel mit Salz, Pfeffer und einem Hauch Muskatnuss würzen. Im Blitzcutter zerkleinern. Sobald ein Mus entsteht, Obers sowie Eiweiß nach und nach beigeben, bis eine elastische Farce entstanden ist.

Gehackte Dille einrühren. In sehr heißes, aber nicht kochendes Wasser ein kleines Probenockerl einkochen. Sollte es zerfallen, noch etwas griffiges Mehl unter die Masse einrühren.

Den Strudelteig auf einem bemehlten Küchentuch auf eine Größe von ca. 50 x 70 cm ausziehen. Die Teigränder abschneiden, das Strudelblatt mit heißer Butter bestreichen und die Fülle (am besten mit einem Dressiersack) als Rolle auftragen.

Den Strudel mithilfe des Küchentuchs einrollen und mit der Teignaht nach unten auf ein mit Butter bestrichenes Backblech gleiten lassen. Mit verquirltem Ei bestreichen und bei schwacher Hitze 30–40 Minuten backen.

Geschälte Rote Rüben in feine Streifen raspeln und im Fischfond ca. 20 Minuten köcheln lassen. Mit dem Pürierstab mixen, die Butter, Crème fraîche und Kren dazugeben und mitmixen. Mit Salz, Streuwürze, Pfeffer und eventuell etwas Zitronensaft abschmecken.

Die Rübensoße auf vorgewärmte Teller gießen, den in Stücke geschnittenen Strudel daraufsetzen und mit Sauerrahm und Dille ausgarnieren.

Zander auf Rahmsauerkraut

Zutaten für 4 Portionen

800 g Zanderfilet
Zitronensaft, griffiges Weizenmehl
Olivenöl zum Braten
Salz, Pfeffer aus der Mühle

Rahmsauerkraut
300 g Sauerkraut
100 g Butter
60 g fein gehackte Zwiebeln
100 ml trockener Weißwein
100 ml Fischfond oder Wasser
100 ml Schlagobers
100 ml Sauerrahm
oder Crème fraîche
etwas Zitronensaft
1 Lorbeerblatt
gemahlener Koriander
125 ml Apfelsaft
griffiges Weizenmehl
Salz, Pfeffer aus der Mühle

12 Kirschtomaten
3–4 Handvoll Rucola
gehackte Rosmarinblätter
Rapsöl, Olivenöl
Salz

Zubereitung

Das Sauerkraut mit Apfelsaft, etwas Wasser, Salz, Lorbeerblatt und gemahlenem Koriander vordünsten. Gehackte Zwiebeln in Butter anschwitzen, mit etwas Mehl stauben und mit Weißwein ablöschen. Fischfond (oder Wasser) zugießen, salzen und etwas Zitronensaft beigeben.

Sauerkraut im Sud weich dämpfen. Dann Schlagobers und Sauerrahm oder Crème fraîche verrühren und unter das Sauerkraut mischen. Noch etwas kochen lassen.

Die Zanderfilets in Portionsstücke zu je 125 g schneiden, salzen, pfeffern und mit Zitronensaft beträufeln. In Mehl wenden und in heißem Olivenöl auf beiden Seiten braten.

Kirschtomaten in heißem Olivenöl braten, bis sich die Haut löst, salzen und mit gehackten Rosmarinblättern bestreuen. Rucola in heißem Rapsöl frittieren und auf Küchenpapier abtropfen lassen.

Die gebratenen Zanderfilets auf Rahmsauerkraut anrichten, mit gebratenen Kirschtomaten und frittiertem Rucola garnieren.

Gasthof Dråge

In einem uralten Bauernhaus in Bad Kleinkirchheim befindet sich mit dem »Dråge« ein ganz besonderer Gasthof. Denn hier wird in der urgemütlichen Atmosphäre eines alten Hofes eine verfeinerte und modernisierte österreichische Küche angeboten, die zumeist auf Kärntner Schmankerln basiert. Küchenmeister Heinz Gell legt dabei nicht nur besonderen Wert auf Saisonalität und Frische der Produkte, sondern vor allem auf Regionalität. So stammen fast alle seiner in der Küche verwendeten Viktualien von heimischen Bauern, Fischern und Jägern. Und natürlich spielt auch der Fisch in seiner Küche eine Hauptrolle, dem in Form besonderer Spezialitäten oder im Rahmen von Fischwochen gehuldigt wird.

Gasthof Dråge
Heinz Gell
Rottensteinerweg 1
A-9546 Bad Kleinkirchheim
Tel.: +43 4240 277
E-Mail: gasthof.drage@aon.at

Crème Brûlée vom Mirnock Låxn

Zutaten für 4 Portionen

Karkassen (Haut, Kopf, Gräten etc.) von 2 Räucherforellen
110 ml Milch
110 ml Schlagobers
abgeriebene Schale einer unbehandelten Zitrone
1 Lorbeerblatt
1 kleiner Thymianzweig
3 Eidotter
Prise Feinkristallzucker
Prise Salz
Mark einer halben Vanilleschote

ca. 120 g Mirnock Låxn
ca. 100 g Salatgurke
Salz, Pfeffer, Knoblauch, Öl
2–3 TL brauner Zucker

4 TL Forellenkaviar zum Garnieren
frisches Weißbrot oder Baguettes als Beilage

Zubereitung

Milch und Obers mit den Räucherfischkarkassen und Gewürzen aufkochen. Mit Frischhaltefolie abdecken und mindestens 30 Minuten ziehen lassen. Abseihen und das Vanillemark dazugeben. Eidotter, Zucker und Salz untermischen.

Mirnock Låxn in kleine Würfel schneiden und in passende Porzellanschalen (ca. 100 ml Inhalt) geben. Eiermasse eingießen und im Backofen in einem Wasserbad bei etwa 150 °C 30 Minuten lang garen, bis die Masse stockt. Danach mindestens 3 Stunden im Kühlschrank abkühlen lassen. Dann dünn mit braunem Zucker bestreuen und abflämmen (Gasbrenner oder Grill Oberhitze).

Salatgurke schälen und in kleine Würfel schneiden. Mit Knoblauch, Salz, Pfeffer und etwas Essig sowie Öl marinieren. Ohne Flüssigkeit auf Crème Brûlée anrichten. Zum Schluss noch etwas Forellenkaviar als Garnitur dazugeben und mit Weißbrot oder Baguette servieren.

Püree vom geräucherten Kärntna Låxn mit blauen Erdäpfeln und Forellenkaviar

Zutaten für 4 Portionen

200 g Schlagobers
100 g mehlige Erdäpfel
1 gehackte Knoblauchzehe
200 g geräucherter Kärntna Låxn
Gewürzsackerl (Thymian, Rosmarin, Lorbeer, weiße Pfefferkörner)
40 g kalte Butter
40 g Crème fraîche
Salz, Pfeffer aus der Mühle

1 blauer Erdapfel (ca. 100 g, z. B. Linzer Blaue)
125 g Sauerrahm
60 g Forellenkaviar

Salz und Öl zum Frittieren
frische Kräuter zum Garnieren

Zubereitung

Erdäpfel schälen und in kleine Würfel schneiden. Mit Obers und Gewürzen weich kochen. Gewürzsackerl entfernen und geräucherten Låxn dazugeben.

Kalte Butter und Crème fraîche zufügen, würzen und mit einem Cutter oder Stabmixer mixen. Durch ein Sieb streichen und mindestens 3 Stunden kalt stellen.

Blauen Erdapfel in Streifen oder in Scheiben (wie Chips) schneiden. Im heißen Fett backen, abtropfen lassen und salzen.

Räucherforellenpüree mithilfe eines Dressiersacks oder Metallrings auf Teller setzen und mit Erdäpfelstäbchen bzw. -chips belegen.

Zuerst Sauerrahm und dann Forellenkaviar daraufgeben und mit frischen Kräutern garnieren.

Seespitz

Das mondäne Schloss Velden ist nicht nur wegen der traumhaften Lage und der hier gedrehten Serie »Ein Schloss am Wörthersee« weltberühmt. Es sind vor allem seine Geschichte, sein einzigartiges Flair und die unnachahmliche Atmosphäre, die das Haus zu einer Institution der internationalen Prominenz und des Jetsets machen. Auch Silvio Nikol, einer der Shootingstars der österreichischen Kochszene, hat hier mit dem »Restaurant Schlossstern« sein Refugium, für das er mittlerweile zwei Michelinsterne erkocht hat. Doch Schloss Velden verfügt noch über eine weitere kulinarische Attraktion, die ihresgleichen lange wird suchen müssen: die Rede ist vom »Seespitz«, einem Gourmetrestaurant im See!

Schräg gegenüber dem eigentlichen Schloss befindet sich vom Ufer ausgehend bis hinein ins Gewässer des schönen Wörthersees das »Seespitz«, das seine Gäste mit lässiger Eleganz und einem spektakulären See-Alpen-Panoramablick empfängt. Hier zeichnet Christoph Lobnig für die Geschicke der Küche verantwortlich.

Das »Seespitz« bietet eine moderne Interpretation traditioneller österreichischer Gerichte, gepaart mit mediterranen Köstlichkeiten und saisonalen Schmankerln. Doch die kulinarische Leidenschaft von Christoph Lobnig ist die Fusionküche, denn er liebt es mit den vielfältigen Aromen Asiens zu spielen und diese in seine Kreationen einfließen zu lassen. Deshalb hat er eigens für dieses Buch Rezepte entworfen, die einerseits auf den regionalen Zutaten (vor allem natürlich dem Kärntner Fisch) basieren, andererseits auch seine ganz persönliche Art der Zubereitung zeigen. Das Ergebnis ist ein wunderbares Spiel mit Aromen und Düften, die auch den verwöhntesten Gaumen verzücken.

Schloss Velden
A Capella Hotel
Schlosspark 1
A-9220 Velden
T +43 4274 520 00-5212
www.capellaschlossveldenhotel.at

Forelln-Flusskrebs-Savarin mit Kokosrisotto und Thaiaromen

Zutaten für 4 Portionen

Savarin

8 Flusskrebse, 6 Forellenfilets
150 g Fischfarce
2 Limonenblätter
Currysoße
Salz, Pfeffer aus der Mühle

Currysoße mit Thaiaromen

50 g Schalotten
2 Stangen Zitronengras
2 Limonenblätter
5 g grüne Thaicurrypaste
1 Lorbeerblatt
2 weiße Pfefferkörner
3 g Korianderbeeren
10 Korianderblätter
50 ml trockener Weißwein
50 ml Noilly Prat
150 ml Fischfond
100 ml Kokosmilch
100 ml Schlagobers
eventuell Erdäpfelmehl

Kokosrisotto

150 g Aquarello (Risottoreis)
Geflügelbrühe und Kokosmilch
zum Aufgießen
trockener Weißwein
Olivenöl
2 gehackte Schalotten
40 g geriebener Parmesan
50 g gemischte, feine Paprikawürfel
Cayennepfeffer
Salz, weißer Pfeffer aus der Mühle

Zubereitung

Die Forellenfilets zwischen Backpapier plattieren und in die Savarinform (vorzugsweise mit Beschichtung) legen. Nun die erste Schicht Fischfarce in die Form streichen, dann die Flusskrebse der Länge nach halbieren und ebenfalls in die Formen legen. Die nächste Schicht Fischfarce darübergeben. Oberfläche glatt streichen, mit den übrigen Filets zudecken und in eine schöne Form bringen. Den Savarin im vorgeheizten Ofen bei 85 °C etwa 3 Minuten dämpfen.

Den Risottoreis mit den Schalotten und den Paprikawürfeln angehen lassen, mit Weißwein ablöschen und langsam mit wenig Geflügelbrühe aufgießen. Je nach Gargrad Brühe und Kokosmilch zugeben, bis der Risotto den richtigen Biss hat. Mit Salz, Pfeffer und Cayennepfeffer würzen. Kurz vor Schluss zur Bindung Parmesan zugeben.

Für die Soße Schalotten in Streifen schneiden. Mit dem geschnittenen Zitronengras und den Limonenblättern bei wenig Hitze anziehen lassen. Lorbeerblätter, Pfefferkörner sowie Korianderbeeren und -blätter zugeben. Noch kurz mit anziehen lassen, dann mit Noilly Prat und Weißwein ablöschen. Den Alkohol nahezu verkochen lassen. Mit den restlichen Zutaten aufgießen und um zwei Drittel reduzieren lassen. Durch ein Sieb passieren und mit Salz, Pfeffer, grüner Thaicurrypaste sowie Butter abschmecken. Eventuell mit Erdäpfelmehl abbinden.

Den Savarin mit dem Kokosrisotto hübsch auf tiefen Tellern anrichten, mit der Currysoße umkränzen und mit Korianderblättern garniert servieren.

Confierter Huchen im klaren Kürbis-Limonen-Sud

Zutaten für 4 Portionen

Klarer Kürbis-Limonen-Sud

50 ml Wasser
50 ml Feinkristallzucker
3 Limonen
10 g frisch geriebener Ingwer
500 g Muskatkürbisfleisch
50 ml weißer Portwein
30 ml Apfelessig
30 ml Himbeeressig
10 g kandierter Ingwer
Anis, Nelke, Koriander
Pfefferkörner

Kürbisspaghetti

200 g Muskatkürbisfleisch
20 g geröstete Kürbiskerne
10 ml kalt gepresstes Kürbiskernöl
20 ml Geflügelbrühe oder Kürbis-Limonen-Sud
etwas Butter
Salz, Pfeffer aus der Mühle
frisch geriebene Muskatnuss

Huchen

400 g Huchenfilets
500 ml kalt gepresstes Olivenöl
frische Kräuter (nach Belieben und Saison)
Fenchelsamen, Korianderbeeren
Lorbeer, Pfefferkörner
Salz

Zubereitung

Für den Sud Wasser und Kristallzucker aufkochen. Ingwer, Kürbisfleisch und Limonen zugeben und nochmals aufkochen; diesen Vorgang wiederholen. Restliche Zutaten zugeben. Den Fond 2 Stunden leicht köcheln lassen.

Für die Spaghetti Kürbisfleisch mit einer Spaghettimaschine in Form bringen. Dann die rohen Kürbisspaghetti mit Butter anschwitzen, Kerne zugeben, mit den Flüssigkeiten aufgießen und kurz gar ziehen. Mit den Gewürzen abschmecken.

Für den Huchen das Öl mit den Gewürzen in einer Sauteuse auf 60–70 °C erwärmen. Den Fisch einlegen und 8–11 Minuten je nach Stärke des Fisches und Temperatur des Öles, konfieren. Der Fisch sollte im Inneren glasig sein.

Den Fisch in tiefen Tellern auf den Kürbisspaghetti anrichten. Mit dem Sud umgießen, nach Wunsch dekorieren und auftischen.

Lasagne vom Kärntna Låxn auf mediterranem Couscous

Zutaten für 4 Portionen

Couscous

250 g Couscous
30 g Zwiebelwürfel
1 enthäutete, in Würfel geschnittene Tomate
200 ml Gemüsefond
1 TL Tomatenmark
100 g pürierte Dosentomaten
Ras el-Hanout (marokkanische Gewürzmischung)
Salz, Pfeffer aus der Mühle

Lasagne vom Låxn

10 g Trockentomaten
10 g geröstete Pinienkerne
10 g Basilikumpesto
400 g Kärntna Låxn

Paella-Jus

2 Knoblauchzehen
1 Stück Fenchel
2 Stangensellerie
1 Karotte
2 Garnelen in der Schale
50 g Miesmuscheln
200 ml Fischfond
Noilly Prat
Pernod
trockener Weißwein
Fischfond, Tomatensaft
Basilikum, Thymian
Rosmarin, Fenchelsamen
Salz, Pfeffer aus der Mühle
Safran

Zubereitung

Für das Couscous Zwiebelwürfel anschwitzen, Ras el-Hanout und Tomatenwürfel hinzufügen. Tomatenmark zugeben und leicht mitrösten. Mit Gemüsefond aufgießen. Auf die Seite stellen, ziehen lassen und eventuell nachwürzen. Dann die Soße pürieren, nochmals aufkochen und schließlich über den Couscous schütten. Ziehen lassen und dabei gelegentlich umrühren.

Für die Lasagne den Fisch filetieren und die Filets putzen. 4 Filets auf die Arbeitsfläche legen. Für die Fülle geröstete Pinienkerne, Pesto und klein gehackte Trockentomaten vermengen. Großzügig auf die Filets streichen. Nun die Innenseiten der Filets wieder zusammenführen. und mit einem Bindfaden vorsichtig zusammenbinden. In Olivenöl von jeder Seite kross anbraten. Eventuell 3 Minuten im Backofen nachziehen lassen.

Für den Jus klein geschnittenes Wurzelgemüse mit Knoblauch in Olivenöl anschwitzen. Dann mit dem Alkohol ablöschen. Mit Fischfond auffüllen und bei kleiner Hitze kochen lassen. Die Garnelen und die Muscheln in Olivenöl anschwitzen, mit dem Gemüsefond leicht auffüllen. Den Fond mit Tomatensaft, Rosmarin, Fenchelsamen, Basilikum sowie Thymian würzen und dann passieren. Mit Salz, Pfeffer und Safran abschmecken.

Den Couscous mittig in tiefe Teller geben, Lachslasagne anrichten und mit Fond umgossen auftischen.

Gasthof Liegl

Genau genommen gibt es nur einen Grund, warum man ausgerechnet nach St. Peter – einem kleinen Weiler bei St. Georgen am Längsee – fahren sollte. Doch dieser ist ein »sehr guter Grund«, wie man so schön sagt. Tatsächlich ist der »Gasthof Liegl« eine Reise wert, denn die hier dargebotenen Gaumenfreuden sind gekennzeichnet von höfischer Rustikalität, traditioneller Handarbeit und liebevoller Kreativität. Hier bekommt man auf hohem Niveau einerseits genau das, was Kärntens Küche charakterisiert, andererseits eine moderne Neuinterpretation traditioneller Gerichte.

Natürlich spielt auch der Kärntner Fisch eine große Rolle in der Küche und wird in der einen oder anderen Form das ganz Jahr über aufgetischt. Doch ganz besonders gut munden mir hier die Flusskrebse, die zum Beispiel mit einem kräftigen Krebsfond und hausgemachten Eierbandnudeln serviert werden. Es ist wie bei den Schwammerln – Frau Liegl verrät nicht, woher sie die köstlichen Krebserln (es handelt sich bei ihnen selbstverständlich um Kärntner Krebse) hat. Aber das Rezept für die kulinarischen Kleinode konnte sie trotzdem zur Verfügung stellen; Koch, was willst Du mehr?

Gasthof Liegl
St. Peter bei Taggenbrunn 2
A-9313 St. Georgen am Längsee
Tel.: +43 4213 21 24
www.gasthof-liegl.at

Gasthof Liegl

Carpaccio vom Gurktaler Saibling
mit Rosen-Himbeer-Meersalzflocken, Tomaten, Pinienkernen und Orangen-Basilikum-Schaum

Zutaten für 4 Portionen

Carpaccio
4 Saiblingfilets à 80–100 g

Rosen-Himbeer-Meersalzflocken
100 g Meersalzflocken
1 TL schwarzer Pfeffer aus der Mühle
1 EL frisch geröstete Korianderkörner
1 grüne Kardamomkapsel
1 TL Himbeerpulver (siehe unten)
4 EL getrocknete Duftrosenblätter (in der Apotheke erhältlich)
1 EL Feinkristallzucker

Orangen-Basilikum-Schaum
ISI-Flasche (500 ml)
1 ISI-Patrone
ca. 50 g Feinkristallzucker
ca. 250 ml frisch gepresster Orangensaft
1 Schuss heller Balsamico
1 Prise Salz
1 EL Crème fraîche
1 EL Sauerrahm
1 Bund Basilikum
ca. 200 ml Schlagobers

Tomatenwürfel, Pinienkerne
Blattsalat, Kresse
Olivenöl

Zubereitung

Die Saiblingfilets enthäuten, zwischen 2 Stück Frischhaltefolie legen und vorsichtig flach klopfen. Dann die das obere Stück Folie entfernen, die Filets mit der verbliebenen Frischhaltefolie straff einrollen und nochmals mit Alufolie umwickeln. Die Saiblingsrollen für mindestens 6–8 Stunden einfrieren und dann mithilfe einer Aufschneidmaschine in hauchdünne Scheiben schneiden.

Für die Meersalzflocken alle Zutaten gut miteinander vermengen, in Dosen oder Gläser füllen und luftdicht verschließen. Zur Intensivierung des Geschmackes die Salzmischung vor der Verwendung zwischen den Fingern fein zerreiben.

Für den Schaum den Kristallzucker karamellisieren und mit Orangensaft ablöschen. Salz und Balsamico hinzufügen, bis zu einer sirupartigen Konsistenz einkochen lassen und kalt stellen. Den Orangensirup mit Crème fraîche, Sauerrahm und Basilikumblättern mixen. Die noch etwas zähe Masse mit Schlagobers verlängern, in die ISI-Flasche einfüllen, eine Patrone eindrehen und gut schütteln.

Jeweils etwas Olivenöl auf vier kalte Teller streichen. Die hauchdünnen Saiblingscheiben auflegen, mit klein geschnittenen Tomatenwürfeln, fein gehackten Pinienkernen und Rosen-Himbeer-Meersalzflocken würzen. Mit mariniertem Blattsalat und Kresse ausgarnieren und den Orangen-Basilikum-Schaum in einem Glas extra dazureichen.

Himbeerpulver: 200 g tiefgekühlte Himbeeren (keine Frischware!) auf eine Silikonbackmatte geben und im Backofen bei 90 °C ca. 20 Stunden trocknen. Wenn sie keine Feuchtigkeit mehr haben, die Himbeeren fein pürieren und sieben.

Ausgelöste Kärntner Flusskrebse
mit Krebsenjus und hausgemachten Bandnudeln

Zutaten für 4 Portionen

Ausgelöste Flusskrebse

32 lebende Kärntner Flusskrebse
1 Karotte
1 Stange Lauch
Salz
Kümmel
1 Schuss Pernod
ausreichend Wasser

Krebsenjus

ausgelöste Krebsnasen (ohne Innereien)
1–2 Karotten
1 Gelbe Rübe
1 Lauch
1 Stück Sellerie
ca. 250 ml Bier
Wasser

Bandnudeln

500 g Hartweizengrieß
8 Eidotter
2 Eier
2 EL Wasser
2 EL Öl
Salz

Butterschmalz, Noilly Prat, Butter und Schlagobers nach Bedarf und Geschmack

Zubereitung

Für die Krebse viel Wasser mit Gemüse, Gewürzen und Pernod wallend aufkochen lassen. Die Krebse kopfüber einkochen, in kaltem Wasser abschrecken und die Scheren und Schwänze auslösen.

Die Krebsnasen ausbrechen, die Innereien entfernen und die ausgelösten Krebsnasen für den Jus zur Seite legen. Die ausgelösten Krebsscheren und -schwänze in Butterschmalz langsam anrösten, mit Noilly Prat ablöschen und mit kalter Butter verfeinern.

Für den Jus Gemüse putzen und klein hacken. Die ausgelösten Krebsnasen in Öl scharf anbraten, Karotten, Gelbe Rübe, Lauch und Sellerie hinzugeben. Mit Bier ablöschen und mit Wasser aufgießen. Immer wieder reduzieren lassen und mit Wasser aufgießen; diesen Vorgang mehrmals wiederholen. Zuletzt den einreduzierten Krebsjus mit kalter Butter binden.

Für die Nudeln alle vorgesehenen Zutaten zu einem geschmeidigen Teig verarbeiten, in Frischhaltefolie einwickeln und mindestens 1 Stunde im Kühlschrank rasten lassen. Den Teig dünn ausrollen, antrocknen lassen und zu Bandnudeln schneiden. In kochendes, gesalzenes Wasser einkochen, Herd zurückschalten und 2 Minuten ziehen lassen. Nudeln abgießen, in etwas Schlagobers und zerlassener Butter schwenken.

Den Krebsenjus auf Tellern verteilen und die Krebse dekorativ darauf verteilen. Die Bandnudeln auf eine Fleischgabel aufrollen, auf dem Teller platzieren und sofort servieren.

Gedämpfter Waller auf Krensoße mit Gemüsestreifen,
Kümmelerdäpfeln und knusprigem Kümmelkrokant

Zutaten für 4 Portionen

Gedämpfter Waller

1 zugeputztes Wallerfilet
Salz, Pfeffer aus der Mühle
wenig edelsüßes Paprikapulver

Gemüsestreifen

1–2 Karotten
1–2 Gelbe Rüben
1–2 Stangen Lauch

Sud

Wasser
1 Petersilwurzel
1–2 Karotten
1 Gelbe Rübe
1 Stange Lauch
4–6 Wacholderbeeren
½ TL schwarze Pfefferkörner
2–3 Lorbeerblätter

Krensoße

2 gehackte Schalotten
1 geschälter, klein
geschnittener Erdapfel
Schlagobers nach Bedarf
Kren aus dem Glas
Zitronensaft
kalte Butterwürfel nach Bedarf
Salz, Pfeffer aus der Mühle

Kümmelerdäpfel

Erdäpfel
Butter, Salz
Kümmel (ganz oder geschrotet)

Knuspriger Kümmelkrokant

120 g Fondant
70 g Glucose
75 g getrocknetes,
fein gemahlenes Schwarzbrot
1 TL gemahlener Kümmel, Prise Salz

Zubereitung

Für die Soße Schalotten in Butter glasig anschwitzen, Erdapfel hinzufügen und mit Wasser aufgießen. Weich kochen lassen und aufmixen. Mit Schlagobers verfeinern und mit Salz und Pfeffer würzen. Vor dem Anrichten Kren im Glas hinzufügen und mit Zitronensaft und kalter Butter montieren.

Für den Sud Karotten sowie Gelbe Rüben schälen und in feine Streifen schneiden, Lauch ebenfalls in feine Streifen schneiden. Das Gemüse blanchieren und mit Salz würzen. Den Sud aufstellen und kurz aufkochen lassen. Einen Siebeinsatz einhängen, das Wallerfilet einlegen und ca. 10 Minuten dämpfen.

Erdäpfel in Salzwasser kochen und in zerlassener Butter schwenken. Mit Salz und wenig Kümmel würzen.

Für den Krokant Fondant mit Glucose aufkochen, bis er leicht Farbe annimmt. Auf eine Silikonbackmatte gießen und auskühlen lassen. Fein mixen und wieder auf eine Silikonbackmatte sieben. Getrocknetes Schwarzbrot, Kümmel und Salz miteinander vermengen und dünn auf den Fondant-Glucose-Staub sieben. Im vorgeheizten Ofen bei 180 °C etwa 3 Minuten backen, auskühlen lassen und in Stücke brechen.

Den gedämpften Waller auf die Krensoße setzen, mit Gemüsestreifen bedecken und mit knusprigen Kümmelkrokantstücken vollenden. Die Kümmelerdäpfel extra servieren.

Gurktaler Seesaiblingsfilet auf Spargelragout mit kleinen Erbsentortellini und Kerbelschaum

Zutaten für 4 Portionen

4 Seesaiblingsfilets
Salz »Melange blanc«
(bei Ingo Holland unter
www.ingo-holland.de erhältlich)
Brösel zum Wälzen, Olivenöl

Spargelragout

8 Stangen weißer Spargel
4 Stangen grüner Spargel
Kochwasser: Butter, Salz
Feinkristallzucker
1 EL gehackte Schalotten
Schlagobers zum Verfeinern
Salz, Pfeffer aus der Mühle

Kerbelschaum

1 Bund Kerbel, 250 ml Milch
Guter Noilly Prat
Salz, ein wenig Butter

Nudelteig

500 g Hartweizengrieß
8 Eidotter, 2 Eier
Salz, 2 EL Wasser
2 EL Öl

Erbsenfülle

350 g frische oder
tiefgekühlte Erbsen
ca. 75 g Butter
Salz, Cayennepfeffer
Prise Feinkristallzucker
Saft einer halben Limette

Zubereitung

Die Seesaiblingsfilets würzen, in Bröseln wälzen und in Olivenöl anbraten.

Für das Ragout den Spargel im Kochwasser weich kochen, abkühlen lassen und in Stücke schneiden. Die Schalotten in Butterschmalz glasig anschwitzen, die Spargelstücke hinzufügen, würzen, mit Spargelfond angießen und mit Schlagobers verfeinern.

Für den Kerbelschaum Milch mit Noilly Prat, Kerbel, Salz und ein wenig Butter aufkochen und mit dem Stabmixer aufschäumen.

Für den Nudelteig alle genannten Zutaten zu einem geschmeidigen Teig verarbeiten, in Frischhaltefolie einwickeln und mindestens 30 Minuten im Kühlschrank rasten lassen.

Für die Fülle die Erbsen in kochendem Salzwasser etwa 5 Minuten kochen, in kaltem Wasser abschrecken und auspressen. Die Butter erwärmen, bis sie braun ist und zusammen mit den Erbsen, Salz, Cayennepfeffer, Zucker und Limettensaft aufmixen. Nochmals abschmecken und in einen Spritzsack füllen.

Den Nudelteig dünn ausrollen und die Erbsenfülle aufdressieren. Tortellini formen und in kochendes Wasser legen. Hitze zurückschalten und etwa 3 Minuten ziehen lassen. Zum Spargelragout geben und durchschwenken.

Das Spargelragout mit den Tortellini am Teller anrichten, den Seesaibling darauf verteilen und mit dem Kerbelschaum vollenden.

Restaurant La Balance

Im gleichnamigen Hotel befindet sich mit dem »La Balance« eines der besten Restaurants des kulinarisch verwöhnten Wörthersees. Andrea Grossmann, die mit ihrem prämierten Kochbuch »Kulinarische Träumereien« (ebenfalls im Heyn-Verlag, Klagenfurt erschienen) bereits international große Anerkennung zuteil wurde, zeichnet sich für die Küchenlinie verantwortlich. Tatkräftige Unterstützung erfährt sie dabei durch den ambitionierten Franz-Josef Fleischhacker, der sich mit vielen kreativen Ideen – wie zum Beispiel den gebratenen Saibling mit Rote-Rüben-Saft und Rahmravioli – in die Küche einbringt.

Im Zentrum der Kochkunst von Andrea Grossmann steht das Produkt. Ausschließlich hochwertigste Nahrungsmittel aus der näheren Umgebung werden bei ihr zu kulinarischen Höhenflügen veredelt. So stammen etwa die Fische nahezu ausschließlich aus dem Wörthersee und das Gemüse aus eigener Landwirtschaft.

Die herzliche Gastfreundschaft, die gute Küche und das schöne Ambiente machen das »La Balance« zu einem Wohlfühlort für Genießer und solche, die es werden wollen.

Balance Premium
Das 4 Elemente Spa- & Wohlfühl-Hotel
am Wörthersee
Familie Andrea und Karl Grossmann
Winklerner Straße 68
A-9210 Pörtschach
Tel: +43 4272 24 79
www.balancehotel.at

RANZ-
JOSEF

Die Wörthersee-Suppe

Zutaten für 4 Portionen

Suppe

1 Zanderfilet
1 Reinankenfilet
½ Wallerfilet
½ fein gehackte Zwiebel
2 fein gehackte Knoblauchzehen
1 EL Butterschmalz
1 geschälte, in Würfel geschnittene Karotte
1 geschälter, in Würfel geschnittener Erdapfel

etwas Lauch- und Selleriewürfel
ca. 60 ml trockener Weißwein
250 ml klare Gemüsesuppe
250 ml Fischfond
125 ml Schlagobers
1 Lorbeerblatt
Safran, Salz
weißer Pfeffer aus der Mühle

Crostini

1 Baguette
etwas Butter
2 Knoblauchzehen

Olivenöl, etwas Mehl

Zubereitung

Zwiebel und Knoblauch in Butterschmalz anrösten. Gemüse mitrösten. Mit Weißwein ablöschen, mit Suppe und Fischfond aufgießen und mit Lorbeerblatt, Safran, Salz und Pfeffer würzen. Ungefähr 10 Minuten köcheln lassen und das Lorbeerblatt entfernen. Fischfilets portionieren, Endabschnitte der Filets in die Suppe geben und ziehen lassen.

Fischfilets würzen, in Mehl tauchen, in heißem Olivenöl scharf anbraten und warm stellen. Für die Crostini Brot einschneiden, mit Knoblauchbutter füllen und anschließend toasten.

Fischstücke aus der Suppe entfernen. Suppe aufmixen und mit geschlagenem Obers verfeinern. Kurz vor dem Anrichten nochmals schaumig aufmixen.

Fischfilets auf kleinen vorgewärmten Tellern anrichten und die Crostini zur Suppe reichen. Nach Belieben garnieren.

Karpfenfilet unter der Karotten-Nuss-Kruste und lauwarmer Erdäpfel-Lauch-Salat

Zutaten für 4 Portionen

Fisch
4 Karpfenfilets à ca. 150 g
Zitronensaft
etwas Butter und 1 EL Olivenöl
Salz, Pfeffer aus der Mühle

Karotten-Nuss-Kruste
150 g geriebene Karotten
40 g geröstete Mandelblättchen
etwas frisch geriebener Ingwer
100 g weiße Semmelbrösel
1 Eiklar
Salz, Pfeffer aus der Mühle

Erdäpfel-Lauch-Salat
4 große speckige Erdäpfel
1 Stange Lauch
etwas Feinkristallzucker
milder, leicht süßlicher Senf
etwas Estragonöl
etwas Rapsöl
heller Balsamico
Salz, Pfeffer aus der Mühle
eventuell frische Kresse
zum Garnieren

Zubereitung

Für die Kruste Karotten schälen, raspeln, in Butter anrösten und mit Salz, Pfeffer und frischem Ingwer würzen. Die Mandelblättchen dazugeben und nochmals kurz durchrösten. Mit den Semmelbröseln vermischen und so viel Eiklar dazugeben, bis die Masse leicht streichfähig ist.

Filets würzen und auf beiden Seiten kurz anbraten. In eine feuerfeste Form geben, mit der Karotten-Nuss-Masse bestreichen und unter dem vorgeheizten Backofengrill (oder im Salamander) überbacken

Für den Salat Erdäpfel in der Schale kochen, Lauch in ca. 4 mm dicke Scheiben schneiden. Dressing aus Ölen, Senf, Balsamico und Gewürzen aufmixen und beiseitestellen.

Erdäpfel schälen und in dünne Scheiben schneiden. Lauch in Estragonöl glasig anbraten, mit etwas Dressing ablöschen und über die Erdäpfel geben. Vorsichtig untermengen, dann mit dem restlichen Dressing vermischen. Salat lauwarm servieren und eventuell mit frischer Kresse garnieren.

Tipp

Dazu passt besonders gut ein Vogerlsalat mit Rahmdressing.

Gefülltes Reinankenfilet mit Martinisabayon und Minigerstel

Zutaten für 4 Portionen

Gefülltes Reinankenfilet

4 Reinankenfilets
1 Lachsforellenfilet (ohne Haut)
1 Eiklar
ca. 60 ml Schlagobers
etwas Zitronensaft
frische Dille
einige Tropfen Pernod
1 feines Schweinsnetz
Salz, Pfeffer aus der Mühle

Martinisabayon

3 Eidotter
100 g Butter
125 ml Martini secco
eventuell etwas Fischfond
1 Msp. frisch geriebener Ingwer
frisch geriebene Muskatnuss
1 Prise Feinkristallzucker
Salz, Pfeffer aus der Mühle

Minigerstel

200 g Mini-Rollgerste
Butter, Salz, etwas frische Thymianblätter

Zubereitung

Reinankenfilets entgräten, mit Zitronensaft beträufeln, würzen und mit Pernod benetzen. Für die Farce Lachsforellenfilet in große Stücke schneiden und für 15 Minuten anfrieren. Die Forellenstücke mit Schlagobers, Eiklar und Gewürzen zu einer feinen Masse mixen.

Reinankenfilets auf der Fleischseite mit der Farce bestreichen, zusammenklappen und in das gewürzte Schweinsnetz einschlagen. In einer beschichteten, heißen Pfanne den Fisch beidseitig knusprig braten, anschließend im Backofen bei 150 °C ca. 5 Minuten fertig braten lassen.

Für die Sabayon Dotter mit Martini über Dampf aufschlagen, die erwärmte Butter einrühren und abschmecken, eventuell mit Fischfond verdünnen.

Die Rollgerste in Salzwasser weich kochen, abseihen und in Thymianbutter schwenken.

Gebratener Saibling
mit Rotem-Rüben-Balsamsaft und Rahmraviolo

Zutaten für 4 Portionen

Gebratener Saibling

600 g hohe Saiblingfilets
Butterschmalz zum Braten
1 EL Butter
etwas Weizenmehl
Salz

Rote-Rüben-Balsamsaft

125 ml Rote-Rüben-Saft
ca. 60 ml Balsamico
1 Thymianzweig
1 Msp. Maisstärke

Rahmravioli

150–200 g frischer Nudelteig (siehe Rezept Seite 96)
50 g Butter
5 Eigelb
150 g Crème fraîche
150 g Sauerrahm
frisch geriebene Muskatnuss
Salz

Die Saiblingfilets in beliebige Stücke schneiden und die Haut mit einem scharfen Messer leicht einritzen. Würzen und mit der bemehlten Hautseite in einer Pfanne in Butterschmalz langsam knusprig herausbraten. Butter beigeben und den Fisch damit kurz glacieren.

Den Rote-Rüben-Saft mit Balsamico und Thymianzweig aufkochen, dann mit etwas Maisstärke binden.

Für die Ravioli Butter mit Eigelben schaumig rühren, die restlichen Zutaten unterrühren und mit Salz und Muskatnuss abschmecken. Nudelteig dünn ausrollen, auf die vordere Hälfte portionsweise die Füllung setzen, mit der hinteren Hälfte abdecken und rund um die Füllung herum große Ravioli ausstechen; Ränder gut festdrücken. In leicht gesalzenem Wasser garen, herausnehmen und abtropfen lassen.

Gebratenen Fisch zusammen mit etwas von dem Rote-Rüben-Balsamsaft und je einem großen Rahmraviolo anrichten.

Gratin vom Kärntna Låxn mit Pommerysenf

Zutaten für 4 Portionen

600 g frisches Mittelstück
vom Kärntna Låxn
Butter, Salz, Pfeffer aus der Mühle

Gratinsoße
2 EL fein geschnittene Schalotten
ca. 60 ml Noilly Prat
125 ml trockener Weißwein
125 ml Fischfond
125 ml Schlagobers
2 TL Crème fraîche
1 TL Pommerysenf
fein geschnittene Estragonblätter
1 Eidotter
etwas Butter
Salz, Pfeffer aus der Mühle

Zubereitung

Für das Gratin die Schalotten in Butter andünsten, mit Noilly Prat und Wein ablöschen und einreduzieren. Mit Fischfond auffüllen und nochmals einkochen. Obers beigeben und kurz durchkochen lassen. Salzen, pfeffern, mixen, durch ein feines Sieb drücken und kalt stellen. Pommerysenf, Eidotter und Estragonblätter beigeben.

Einen feuerfesten Teller mit einer Butterflocke leicht befetten, salzen und pfeffern. Das Lachsmittelstück in ca. 1 cm dicke Scheiben schneiden und in Form einer Spirale (runden Scheibe) auf dem Teller anrichten.

Mit der Gratinsoße umgießen und unter dem Backofengrill ca. 2 Minuten überbacken. Dabei soll der Lachs aber auf keinen Fall durchgaren. Mit einer Butterflocke den Lachs kurz abglänzen.

Grandhotel Lienz

Am 30. April 2009 eröffnete mit dem »Grandhotel Lienz« das erste Fünfsternehotel in der Region seine Pforten. In diesem klassischen Grandhotel paaren sich Eleganz und Flair des Fin de Siècle und finden zu seltener Symbiose. Sehr beeindruckend ist neben der schönen Architektur vor allem auch der 1400 Quadratmeter große Spa-Bereich, der kaum Wünsche offen lässt. Das Hotel selbst liegt direkt an der Isel, nur wenige Gehminuten von der historischen Altstadt entfernt. Erfreulich ist hier vor allem auch die offene und sportlich-elegante Atmosphäre, die nicht in vielen Hotels dieser Kategorie zu finden ist.

Genießer kommen bei Chefkoch Christian Flaschberger auf ihre Kosten. In den fünf Restaurants und Stuben des Grandhotels zaubert er mit viel Kreativität und Engagement althergebrachte Rezepte neu und leicht interpretiert auf den Tisch. Sein kulinarisches Konzept beinhaltet Elemente der traditionellen Osttiroler Küche ebenso wie saisonale, regionale oder bodenständige Aspekte. Erfährt man dann, dass Christian Flaschberger ein waschechter Kärntner aus dem Gailtal ist, so wundert der regionale Bezug zur Heimat nicht mehr.

Den kulinarischen Bogen seiner »dolomitenleichten« Küche spannt Christian Flaschberger vom Karwendel bis zur Adria, von Friaul-Julisch-Venetien bis in das Engadin. Sein Ziel ist es, die Produkte, Farben und Aromen der genannten Regionen voll zur Geltung zu bringen.

Grandhotel Lienz
Fanny-Wibmer-Pedit-Straße 2
A-9900 Lienz
Tel.: +43 4852 640 70
www.grandhotel-lienz.com

chef

Räucherforellensuppe mit kleinem Knödel

Zutaten für 4 Portionen

Fischsuppe

3 Räucherforellen
1 Fenchelknolle
1 Stangensellerie
30 g in feine Streifen geschnittene Zwiebeln
1 Lorbeerblatt, Pfefferkörner
Olivenöl, Zitronensaft
1 EL Butter
1 kleine gehackte Schalotte
1 alte Semmel
etwas Dille
100 ml Sauerrahm

Knödel

125 g Brösel von entrindetem Weißbrot
150 ml Milch
2 EL gehackte Räucherfischfilets
20 g Butter
1 Ei
fein geschnittene Räucherforelle zur Dekoration

Zubereitung

Die Räucherforellen im Ofen ca. 10 Minuten erwärmen und filetieren. Fenchel und Stangensellerie in kleine Stücke schneiden und mit den Fischgräten und der Zwiebel in Olivenöl anlaufen lassen. Mit Wasser aufgießen, Lorbeerblatt sowie Pfefferkörner zufügen, ca. 30 Minuten kochen lassen und abseihen.

Die Semmel entrinden und in Würfel schneiden. Semmelwürfel und Schalotte in Butter anlaufen lassen. Mit dem Fischfond aufgießen, den Rahm dazugeben und zugedeckt kochen, bis die Semmelwürfel zerkocht sind. Mixen, Dille dazugeben und abschmecken.

Für die kleinen Knödel die Brösel in Milch einweichen. Butter schaumig rühren. Das Ei dazugeben und die Brösel sowie den Fisch unterrühren. Kurz ziehen lassen, kleine Knödel formen und in Salzwasser kochen.

Die Suppe mit etwas fein geschnittener Räucherforelle und den Knödeln anrichten.

Marinierter Kärntna Låxn mit Apfelpüree und schwarzem Senf

Zutaten für 4 Portionen

4 Låxnfilets à 100 g
4 EL schwarzer Senf
(Lustenauer Senfmanufaktur)
2 große, aromatische Äpfel
1 Limette
1 TL Butter
1 EL Sauerrahm
Salz, Pfeffer
etwas Olivenöl
Kresse zum Garnieren

Zubereitung

Die Fischfilets auf einen leicht geölten Teller geben und mit Frischhaltefolie abdecken. Die Äpfel schälen und in Spalten schneiden. Mit Butter, Wasser und Limettensaft bei kleiner Hitze weich schmoren. Passieren und mit den restlichen Zutaten mischen und abschmecken.

Die Fische im vorgeheizten Backofen bei 65 °C etwa 15 Minuten garen, die Haut abziehen und leicht salzen.

Apfelpüree auf Teller kreisförmig verteilen. Fisch darauf anrichten und mit dem schwarzen Senf eine Bahn über den Teller ziehen. Mit etwas Kresse garniert auftischen.

Gailtaler Lachsforelle mit Erbsen und Speckstreusel

Zutaten für 4 Portionen

Lachsforelle

4 Lachsforellenfilets à 100 g (ohne Haut)
250 g Erbsen
etwas Butter
1 EL fein gehackte Zwiebel
4 EL geschlagenes Obers
Salz, Pfeffer aus der Mühle

Streusel

50 g Butter
50 g Schmalz
100 g Brösel
100 g Mehl
50 g gehackte Haselnüsse
60 g fein geschnittener Gailtaler Speck

Zubereitung

Den Fisch mit etwas Olivenöl auf einen Teller geben und im vorgeheizten Ofen bei 65 °C leicht garen.

Für die Streusel alle Zutaten vermengen, zerbröseln und im vorgeheizten Backofen bei 180 °C backen.

Die Erbsen blanchieren, mit den Zwiebeln in Butter anlaufen lassen und dann mit einem Erdäpfelstampfer grob zerdrücken. Obers dazugeben und mit Salz und Pfeffer abschmecken.

Die Streusel auf den gegarten Fisch streuen und bei Oberhitze etwas bräunen lassen. Den Erbsenstampf am Teller anrichten, Fisch darauflegen und mit etwas brauner Butter übergießen.

Gebratener Drauhuchen mit Balsamicolinsen

Zutaten für 4 Portionen

Gebratener Drauhuchen

4 Huchenfilets à 160 g

Butter, gehackte Thymianblätter

Salz

Balsamicolinsen

200 g braune Linsen

80 g in kleine Würfel geschnittenes, gemischtes Wurzelgemüse

4 EL Butter

2 EL gehackte Zwiebeln

gehackte Thymianblätter

gehackte Schale einer unbehandelten Zitrone

2 EL alter Balsamico

Zubereitung

Einen Esslöffel Butter und gehackte Zwiebeln zusammen anlaufen lassen. Gemüsewürfel sowie Linsen dazugeben und salzen. Mit Wasser aufgießen und weich kochen. Zitronenschale dazugeben und mit Balsamico, Thymian und gehackter Zitronenschale abschmecken und mit Butter binden.

Huchen anbraten und auf den Balsamicolinsen anrichten. Mit Salz bestreuen und mit Thymian garnieren.

Schloss Seefels

Genau genommen verfügt das »Hotel Schloss Seefels« über drei Restaurants mit unterschiedlichen Ausrichtungen. Da ist einerseits die sogenannte »Orangerie«, in der vor allem die Hotelgäste mit einem mehrgängigen Gourmet-Wahlmenü verwöhnt werden, dann findet man – direkt am Wasser gelegen (mit eigener Marina) – das »Portobello«, in dem die Küchenlinie eine vornehmlich mediterrane ist; last, but not least gibt es das Restaurant »Terrasse«, das kulinarische Herzstück des Hauses, mit traumhaftem Blick auf den Wörthersee. Herr über alle drei Restaurants ist Richard Hessl, ein ehemaliger Globetrotter und leidenschaftlicher Koch.

Die kulinarische Ausrichtung des »Seefels« kann als mediterran mit internationalem Einschlag charakterisiert werden, wobei das klassische (französische) Kochhandwerk durchaus als Richtlinie zu gelten scheint. Aber Richard Hessl besinnt sich immer wieder auf seine österreichische Heimat und definiert heimische Rezepturen auf seine ganz eigene Art neu.

Nun ist der Wörthersee ein Eldorado für Genussurlauber und Schickeria, was dazu geführt hat, dass sich eine ganze Reihe von Toprestaurants und Szenelokalen rund um den See reihen. Doch die Atmosphäre im »Seefels« ist ein wenig anders; weniger mondän, dafür eher traditionell und vor allem gediegen. Und genau diesem Gedanken des gediegenen Genussurlaubes wird Richard Hessl mit seiner Küche gerecht; was Gäste und Kritiker gleichermaßen erfreut, denn seine Küche ist weithin bekannt und unter anderem mit zwei Gault-Millau-Hauben ausgezeichnet.

Die Nähe des »Schloss Seefels« zum bekannten Baukonzern Soravia, der sich ja bekanntlich auch mit der Aufzucht von heimischen Fischen beschäftigt (siehe Seite 52), garantiert Richard Hessl absolute Topware was heimische Fische anbelangt, die er immer fangfrisch für seine Küche angeliefert bekommt. Wohl dem, der sich hier an Saibling, Kärntna Låxn, Reinanke, Zander oder Waller laben darf!

Hotel Schloss Seefels
Besitz- und Management GmbH
Töschling 1
A-9210 Pörtschach
Techelsberg am Wörthersee
Tel.: +43 4272 23 77
www.seefels.com

Lauwarmer Rollmops von der Reinanke
mit Roten Rüben und Apfelkrensorbet

Zutaten für 4 Portionen

Rollmops

4 Reinankenfilets à 60 g
(ohne Gräten und Haut)
4 in feine Scheiben
geschnittene Schalotten
2 in feine Streifen geschnittene,
kleine Essiggurken
100 g geschälter, in feine
Streifen geschnittener Apfel
5 gehackte Kapern
etwas Dijonsenf zum Bestreichen

Marinade

200 ml Fischfond
200 ml trockener Weißwein
200 ml Apfelessig
50 g Feinkristallzucker
Salz, Pfefferkörner, Pimentkörner,
Wacholderbeeren, Lorbeerblätter,
2 Gewürznelken

Apfelkrensorbet

2–3 geschälte saure Äpfel
(Jona, Gala)
Saft von einer Zitrone
50–100 g frisch gerissener Kren
Salz, Feinkristallzucker

Rote Rüben

1 kg geschälte Rote Rüben
80 g Marillenmarmelade
50 g frisch gerissener Kren
50 ml Olivenöl
20 g Feinkristallzucker
200 ml Himbeeressig
20 ml mit Erdäpfelmehl
angerührtes Wasser
ganzer Kümmel, Wacholderbeeren
Lorbeerblatt, Salz, Pfeffer aus
der Mühle

Zubereitung

Alle Zutaten für die Marinade aufkochen, etwa 10 Minuten leicht köcheln und anschließend abkühlen lassen.

Für den Rollmops Schalotten, Essiggurken und Apfel vorsichtig vermischen. Die Reinankenfilets auf beiden Seiten mit Salz und Pfeffer würzen. Auf der Innenseite ganz dünn mit Senf bestreichen und die gehackten Kapern darauf verteilen. Nun die Fülle gleichmäßig auf den Filets aufteilen und mit leichtem Druck einrollen. Mit einem Zahnstocher fixieren und in ein hohes Gefäß einschichten. Die Marinade darüber verteilen und dann 1–2 Tage im Kühlschrank durchziehen lassen.

Für das Sorbet den Zitronensaft mit Salz und Kristallzucker vermischen. Die Äpfel mit einer feinen Reibe hineinreiben und sofort mit dem Zitronensaft vermischen, damit sie ihre Farbe behalten. Nun den Kren untermischen und nochmals abschmecken. Dünn auf ein Blech aufstreichen und über Nacht im Tiefkühlschrank einfrieren.

Die Roten Rüben in gleich große Würfel mit ca. 1 cm Kantenlänge schneiden. Nur die schönen Würfel verwenden. Den Rest in einem Entsafter entsaften. Die Würfel in etwas Olivenöl anschwitzen, den Kristallzucker dazugeben, zergehen lassen und mit dem gewonnenen Rübensaft aufgießen. Himbeeressig, Marillenmarmelade sowie Gewürze dazugeben und die Würfel weich kochen. Wenn sie weich sind, mit etwas Erdäpfelmehl binden. Zum Schluss den Kren dazugeben, damit das Gemüse eine leichte Schärfe hat. Nochmals abschmecken.

Vor dem Servieren die Rollmöpse aus der Marinade nehmen. Die Marinade auf 80 °C erhitzen und die Rollmöpse für 5–8 Minuten zurück in die Marinade geben. Sorbet aus dem Kühlschrank nehmen, in kleine Stücke brechen und mit einer Moulinette cuttern, sodass eine cremige Masse entsteht.

Die warmen Roten Rüben in einem tiefen Teller anrichten. Den lauwarmen Rollmops daraufsetzen und mit etwas Kren garnieren. Das Apfelkrensorbet in einem Schälchen extra servieren.

Brandade vom Pörtschacher Räuchersaibling mit gebackenem Wachtelei und eigenem Kaviar

Zutaten für 4 Portionen

1 geräucherter ganzer Saibling
100 g Saiblingskaviar
4 Wachteleier
50 ml Milch
Olivenöl
1 EL Crème fraîche
200 g geschälte mehlige Erdäpfel
Mehl, Ei, Brösel zum Panieren
des Wachteleis
Fett zum Ausbacken
Dille zum Garnieren

Zubereitung

Den Saibling filetieren und die Gräten sowie die Haut von den Filets entfernen. 1 Filet mit der Crème fraîche im Cutter zu einem feinen Püree verarbeiten. Das zweite Filet in gleichmäßige Würfel schneiden. Die Gräten und die Haut mit der Milch aufkochen, 30 Minuten ziehen lassen und dann mit einem feinem Sieb abseihen.

Für die Brandade in der Zwischenzeit die Erdäpfel vierteln, in Salzwasser ganz weich kochen und noch heiß passieren. Die Milch und etwas Olivenöl zu den Erdäpfeln geben. Das Fischpüree ebenfalls hinzufügen und ein schmackhaftes Erdäpfelpüree herstellen. Zum Schluss die Fischwürfel vorsichtig unterrühren und heiß anrichten.

Die Wachteleier 2 Minuten 45 Sekunden in kochendem Wasser kochen und sofort in kaltem Wasser abschrecken. Schälen und mit Mehl, Ei und Bröseln panieren. Kurz vor dem Servieren in 180 °C heißem Öl ausbacken.

Die heiße Brandade in die Mitte eines tiefen Tellers setzen, den Kaviar daraufgeben und das Wachtelei in die Mitte platzieren und mit etwas Dille garnieren.

Kärntna Låxn in der Folie mit Aromaten und Kräutern gebraten, mit Steinpilzen und Schalottenlaibchen

Zutaten für 2 Portionen

Kärnta Låxn

4 Kärnta Låxn à 350 g
2 Zitronen, 2 geschälte Karotten
1 geputzte Fenchelknolle
4 geschälte Schalotten
4 Knoblauchzehen, 2 Gelbe Rüben
300 g Knollensellerie
Thymian, Basilikum,
Petersilie, Koriander
4 Sternanis
Salz, Pfeffer aus der Mühle

Steinpilze

500 g Steinpilze
3 in feine Würfel
geschnittene Schalotten
1 fein gehackte Knoblauchzehe
gehackte Petersilienblätter
nach Belieben
1 in feine Scheiben
geschnittene Jungzwiebel
Salz, Pfeffer aus der Mühle
je 100 ml Madeira und Weißwein
Walnussöl, Butter

Schalottenlaibchen

300 g geschälte, mehlige Erdäpfel
3 EL gehackte Petersilienblätter
1 KL gehackte Thymianblätter
250 g geschälte Schalotten
50 g zerlassene Butter
3 Eidotter
frisch geriebene Muskatnuss
etwas Butterschmalz zum Braten

Zubereitung

Die Fische säubern und innen und außen mit Zitronensaft, Salz, Pfeffer und Koriander gut würzen. Die Bauchhöhle mit einigen Kräutern, je einer Scheibe Zitrone, einer Knoblauchzehe sowie einer Sternanis füllen.

Das Gemüse in feine Scheiben schneiden. Nun 4 Stück Bratfolie vorbereiten, je etwas Olivenöl darüberträufeln und etwas Gemüse sowie Kräuter auflegen. Die Fische daraufsetzen, wieder etwas Gemüse und Olivenöl daraufgeben und gefällige, gut verschlossene Päckchen herstellen. Im vorgeheizten Backofen bei 180 °C 20–25 Minuten braten.

Die Steinpilze putzen und in gleichmäßige Scheiben schneiden. In einer großen Pfanne etwas Walnussöl erhitzen, die Steinpilz dazugeben und gut anbraten. Nun ein Stück Butter, die Schalotten und den Knoblauch dazugeben, mit Salz und Pfeffer würzen. Mit dem Alkohol ablöschen und einkochen lassen und mit den Petersilienblättern und der Jungzwiebel vollenden.

Die Schalotten in feine Scheiben schneiden und in etwas Öl langsam anbraten, bis sie hellbraun sind. Die Erdäpfel vierteln und in Salzwasser ganz weich kochen, abseihen und zum Ausdämpfen bei 180 °C für 15 Minuten in den Ofen stellen. Sofort passieren und die gebratenen Schalotten, die zerlassene Butter, die gehackten Kräuter und die Eidotter in die heißen Erdäpfel rühren; mit Salz und Muskatnuss abschmecken. Kleine Laibchen formen und in heißem Butterschmalz beidseitig ausbraten.

Teller mit den hübsch angerichteten Beilagen servieren. Den Fisch in der Folie auftragen und die Folie erst am Tisch öffnen. Nach Wunsch den Fisch als Ganzes servieren oder vor dem Gast filetieren und auf den Tellern anrichten.

Gebratenes Zanderfilet
mit Artischocken und Kresse-Oliven-Püree

Zutaten für 4 Portionen

Zander
4 Zanderfilets à 150 g
Zitronensaft
Koriander, Thymian, Basilikum
1 Knoblauchzehe
Olivenöl zum Braten
1 Stück Butter
Salz, Pfeffer aus der Mühle

roh marinierte Artischocken
2 Artischocken
60 g geriebener Parmesan
2 Tomaten
gehackte Basilikum-
und Petersilienblätter
Zitronensaft, Olivenöl
Salz, Pfeffer aus der Mühle
Wasser

Zubereitung

Zanderfilets von beiden Seiten mit Salz, Pfeffer, Zitronensaft und Koriander würzen. In einer heißen Teflonpfanne auf der Hautseite bei mäßiger Hitze braten lassen. Kurz vor dem Anrichten Thymian sowie Basilikum, Knoblauchzehe und Butter dazugeben, auf die Fleischseite drehen und rasch fertig braten.

Von den Artischocken den Strunk abbrechen. Mit einem Wellenschliffmesser zuerst den Strunkbereich gerade schneiden und anschließend die Blütenblätter abschneiden. Dabei sollte man sich an der rundum verlaufenden Vertiefung orientieren und direkt dahinter abschneiden.

Nun mit einem kleinen Messer die grünen Blütenblätter soweit entfernen, bis nur noch der Artischockenboden mit dem Heu übrig bleibt. Mit einem scharfen Löffel vorsichtig das Heu ausschaben. Die Artischocke von allen Seiten mit etwas Zitronensaft einreiben, das verhindert das Braun werden.

Von den Tomaten den Strunk entfernen und an der gegenüberliegenden Seite kreuzförmig einschneiden. Für 10–15 Sekunden in kochendes Wasser tauchen und danach rasch in Eiswasser abkühlen. Gehäutete Tomaten vierteln, die Kerne herausschneiden sodass nur noch die Filets übrig sind. Die Filets in gleichmäßige Würfel schneiden.

Etwas Zitronensaft in eine Schüssel geben, eine Prise Salz sowie einen Schuss Olivenöl dazugeben und gut vermischen. Die Artischockenböden dünn hineinhobeln, die Tomatenwürfel, die geschnittenen Kräuter und den geriebenen Parmesan dazugeben, würzen und pikant abschmecken. Sollte die Marinade zu sauer sein, dann mit etwas Wasser verlängern.

Den gebratenen Zander gefällig mit den Artischocken auf Tellern anrichten und nach Belieben dekorieren.

Forelle am Weißensee

Schon auf den ersten Blick weiß man, dass man sich hier wohlfühlen wird – so erging es jedenfalls mir, als ich dieses Juwel am Weißensee das erste Mal besuchte. Nicht allein die traumhafte Lage – ich bin geneigt zu sagen: direkt am See –, sondern auch die gesamte Atmosphäre des Hauses vermitteln Ruhe und Genuss!

Hannes Müller ist ein geradliniger Koch, dem es um den reinen und puren Geschmack des Grundprodukts geht und darum, dieses in eine harmonische Gesamtkomposition einzufügen, die den Gaumen mit Wohlgeschmack verzückt. Er verwendet dabei zumeist regionale Produkte, doch kombiniert er diese auf seine ganz persönliche Art. Das Ergebnis ist eine unbeschwerte, geschmacksintensive Küche, die einfach Freude macht.

Hört man, dass Hannes Müller bei niemand Geringerem als Meisterkoch Reinhard Gerer gelernt hat, so verwundert die hiesige Küchenlinie und Philosophie nicht mehr wirklich. Doch muss – vor allem um Missverständnisse zu vermeiden – gesagt werden, dass Gerer zwar präsent ist, aber Hannes Müller einen ganz eigenen Stil entwickelt hat.

Und wenn man nun auf der schönen Terrasse des Hauses sitzt, ein famoses Fischmenü genießt und dabei den einzigartigen Sonnenuntergang am Weißensee betrachten darf, so ist das keineswegs kitschig, sondern Romantik pur. Oder kurz gesagt: Genuss!

Hotel Die Forelle
Techendorf 80
A-9762 Weißensee
Tel.: +43 4713 23 56
www.forellemueller.at

Rollmops von der Wildfang-Seeforelle

Zutaten für 4 Portionen

200 g entgrätetes Seeforellenfilet
Saft einer halben Zitrone
Balsamessig
Feinkristallzucker
kalt gepresstes Olivenöl
1 Fenchelknolle
Salz, Pfeffer aus der Mühle

Zubereitung

Fenchel waschen, Stunk herausschneiden und mit einer Aufschnittmaschine fein schneiden. Anschließend mit Salz, Pfeffer, Kristallzucker, Balsamessig und Olivenöl marinieren. Gut durchdrücken, damit der Salat bestens mariniert.

Die Forellenfilets in Stücke schneiden (ca. 8 cm lang, 4 cm breit und 2 mm dick). Mit Zitronensaft, Salz sowie Olivenöl marinieren und etwa 10 Minuten gut beizen lassen. Nun den Fenchelsalat darauflegen und einrollen. Mit Zahnstochern befestigen.

Weißensee Fischsuppe

Zutaten für 6 Portionen

1 Karotte
¼ Sellerieknolle
½ Stange Lauch
1 Zwiebel
1 EL Tomatenmark
100 ml trockener Weißwein
1 l Gemüsefond
250 g Fischfilet (Seeforelle, Forelle, Saibling, Renke etc.)
2 EL kalt gepresstes Olivenöl
½ TL Anis
Salz, Pfeffer aus der Mühle

Zubereitung

Gemüse schälen und in feine Streifen, Fischfilet in kleine Würfel schneiden. Zwiebelstreifen in Olivenöl langsam glasig werden lassen, Tomatenmark beigeben und mit Weißwein ablöschen.

Danach mit dem Gemüsefond aufgießen, Anis zufügen und aufkochen lassen. Karotten- und Selleriestreifen ebenfalls dazugeben und kurz überkochen lassen. Die Suppe vom Herd nehmen und mit Salz und Pfeffer würzen.

Für kurze Zeit stehen lassen und abschließend Lauchstreifen und Fischstücke dazugeben und ein wenig ziehen lassen. (Wichtig ist, dass die Fischstücke trocken sind und keinen Schleimfilm mehr am Fleisch haben.)

Dekorativ in Suppentellern anrichten und servieren.

Weißenseer Seeforelle in Zirbenholz auf warmem Linsensalat mit Speckschaum

Zutaten für 6 Portionen

6 entgrätete Seeforellensteaks mit Haut (à ca. 60–75 g)
gemahlenes Zirbenholz
Olivenöl zum Braten
Salz

Linsensalat

40 g braune, eingeweichte Linsen
½ fein geschnittene Zwiebel
2 Blatt in feine Würfel geschnittener Bauchspeck
1 EL Butter
Salz, schwarzer Pfeffer aus der Mühle
2–3 EL Balsamessig
1 KL Senf
500 ml Gemüsebrühe

Speckschaum

125 ml halbtrockener Weißwein
125 ml Gemüsebrühe
5 gröbere Speckstücke
½ grob geschnittene Zwiebel
1 Thymianzweig
etwas Butter
ca. 60 ml Schlagobers
Salz, schwarzer Pfeffer aus der Mühle

Zubereitung

Für den Schaum den Speck zusammen mit der Zwiebel in Butter angehen lassen. Mit Weißwein ablöschen und mit der Gemüsebrühe aufgießen. Thymianzweig dazugeben und alles ein wenig einkochen lassen. Mit einem Stabmixer aufmixen und passieren. Mit Schlagobers und Butter binden und nochmals aufschäumen.

Für den Salat die eingeweichten Linsen abseihen und in frischem Wasser weich kochen. Anschließend abseihen und beiseitestellen. Die Butter in einem Topf zergehen lassen und die Zwiebel zusammen mit dem Speck angehen lassen. Mit 1 EL Balsamessig und Gemüsebrühe ablöschen. Vom Herd nehmen und die Linsen unterrühren (die Linsen nicht mehr aufkochen). Mit Salz, Pfeffer, restlichem Essig und Senf nachwürzen. Das Linsengemüse sollte leicht säuerlich-würzig schmecken.

Die Forellensteaks nur mit wenig Salz würzen. Öl in einer beschichteten Pfanne leicht erhitzen. Die Steaks auf der Hautseite leicht mit Zirbenmehl bestauben und mit der Hautseite nach unten in die Pfanne geben. Langsam braten, erst zum Ende hin ein wenig die Hitze erhöhen, damit die Zirbenkruste knusprig wird.

Linsensalat, Fisch und Speckschaum dekorativ auf Tellern anrichten und sofort servieren.

Hechtravioli mit Zitronen-Thymian-Schaum

Zutaten für 4 Portionen

Nudelteig

400 g Weizenmehl
1 Ei
1 EL Olivenöl
150 ml Wasser

Fülle

300 g faschiertes Hechtfleisch
150 g Speisetopfen
Salz, Pfeffer aus der Mühle

Zitronen-Thymian-Schaum

125 ml Gemüsefond
ca. 60 ml Noilly Prat
etwas Zitronengras
1 KL frisch gepresster Zitronensaft
4 Thymianzweige
Salz, Pfeffer aus der Mühle
Schlagobers und Butter
zum Verfeinern

Zubereitung

Für den Nudelteig Weizenmehl, halbes Ei, Olivenöl und Wasser vermischen und zu einem glatten Teig kneten. In Frischhaltefolie einwickeln und etwa 1 Stunde rasten lassen. Für die Fülle das faschierte Hechtfleisch mit dem Topfen und den Gewürzen vermengen.

Den Teig gleichmäßig ca. 2 mm dick ausrollen und mit einem Ausstecher beliebig große, runde Teigblätter ausstechen. Die Rändern ganz leicht mit dem restlichen verschlagenen Ei bestreichen. Mit einem Dressiersack die Hechtfülle in die Mitte des Teiges auftragen, zusammenklappen und auf ein bemehltes Blech legen. Die fertigen Ravioli mit Frischhaltefolie abdecken, damit sie nicht austrocknen. Die Ravioli unmittelbar vor dem Servieren in leicht kochendem Salzwasser ca. 3 Minuten garen.

Für den Schaum den Gemüsefond zusammen mit dem Noilly Prat ein wenig einkochen. Anschließend das Zitronengras und die Thymianblätter darin ziehen lassen, bis sich das Aroma gut entwickelt hat. Mit Zitronensaft, Salz und Pfeffer abschmecken. Mit Butter und Obers verfeinern und mit einem Stabmixer schaumig mixen.

Ravioli auf Tellern anrichten, den Schaum über die Ravioli geben und auftischen.

Tipp

Zur Auffrischung kann man noch frisch geschnittenen Lauch (weißer Teil) darüberstreuen.

Barsch auf Honigkürbis mit Pastinakenpüree

Zutaten für 4 Portionen

Fisch

4 schöne, geschuppte Barschsteaks mit Haut (à etwa 100 g)
Olivenöl, Meersalz

Kürbisgemüse

120 g in feine Würfel geschnittenes Muskatkürbisfleisch (ca. 1 x 1cm)
1 Msp. frischer, fein geschnittener Ingwer
1 EL Sesamöl
1 EL Honig
1 EL Balsamessig (nicht zu sauer)
Salz, Pfeffer aus der Mühle

Pastinakenpüree

200 g Pastinaken (ersatzweise Petersilwurzeln)
125 ml Schlagobers
frisch geriebene Muskatnuss
Salz, Pfeffer aus der Mühle

Zubereitung

Für das Kürbisgemüse Ingwer in Sesamöl leicht anschwitzen, Honig dazugeben und leicht karamellisieren lassen. Mit dem Balsamessig ablöschen und einmal kurz aufkochen. Das Kürbisfleisch dazugeben und durchrühren bzw. schwenken, bis sich die Hitze ein wenig gelegt hat. Mit Salz und Pfeffer nachwürzen und noch ein wenig beizen lassen, dabei immer ein wenig von der Flüssigkeit über das Kürbisfleisch gießen. Das Kürbisfleisch darf nicht zu lange gekocht werden, da es sonst sehr schnell weich wird.

Für das Püree die Pastinaken schälen, klein schneiden und in einem Topf in leicht gesalzenem Wasser abgedeckt weich kochen. Die Hälfte der Flüssigkeit wegschütten und Pastinaken mit einem Stabmixer pürieren. Obers dazugeben und mit Salz und Pfeffer würzen. Nochmals pürieren, bis eine schöne, nicht zu dicke Creme entsteht (wie bei Erdäpfelpüree).

Den Barsch leicht mit Meersalz würzen und auf der Hautseite langsam bei halber Hitze in einer Pfanne mit Olivenöl braten. Die Haut sollte schön knusprig werden und das Fleisch schön langsam von unten durchgaren, sodass der Fisch nicht mehr auf die Fleischseite gewendet werden muss.

Fisch auf dem Püree und dem Kürbisgemüse anrichten.

Restaurant und Landhaus Kellerwand

Sissy Sonnleitner darf mit Fug und Recht als die Grand Dame der Kärntner Küche bezeichnet werden. Denn seit Jahrzehnten gehört das »Restaurant und Landhaus Kellerwand« zu den Topadressen der Kärntner Gastronomie. Und weil Sissy Sonnleitner nicht nur eine gestandene Kärntnerin mit viel Sinn fürs Gastliche und Familiäre ist, sondern auch ein ausgesprochener Teammensch, ist Tochter Stefanie mittlerweile die rechte Hand in ihrer Küche.

Das »Restaurant und Landhaus Kellerwand« liegt inmitten der unverfälschten Natur des Gailtals, in der sogenannten Karnischen Region, einer der schönsten Naturlandschaften Österreichs. Im stimmigen Ambiente des Hauses wird eine gelungene Mischung aus den rustikal-bodenständigen Produkten der Karnischen Region und mediterraner Leichtigkeit angeboten. Die Rezepturen wirken zum Teil spielerisch leicht, sind aber ernsthaft komponiert, denn Ökologie und Nachhaltigkeit bestimmen das Denken und Handeln von Sissy Sonnleitner und ihrem Team.

Dieses Denken ist keine reine Floskel, sondern Realität im »Restaurant und Landhaus Kellerwand«, was sich etwa darin äußert, dass man hier auf Regionales setzt und zum Beispiel auf die Verarbeitung von Garnelen, Thunfisch, Stopfleber und exotischen Früchten verzichtet. Dem Gast werden hingegen verfeinerte Rezepturen mit Tradition serviert, was in Zeiten des »konfektionellen Schunds« nicht nur eine Seltenheit darstellt, sondern zu einem besonderen Erlebnis werden kann. Frei nach dem Motto: der Geschmack der Heimat!

Restaurant und
Landhaus Kellerwand
Sissy und Stefanie Sonnleitner
A-9640 Kötschach-Mauthen
Tel.: +43 4715 269
www.sissy-sonnleitner.at

Wodkagebeizter Kärntna Låxn
mit Kohlrabi und weißem Gailtaler Landmais

Zutaten für 2 Portionen

Gebeizter Låxn

2 Filets vom Kärnta Låxn
1 Bund Dille
1 Bund Petersilie
½ EL Estragon
80 g grobes Meersalz
50 g Feinkristallzucker
1 EL gemörserter weißer Pfeffer
1 EL Olivenöl
Saft einer halben Zitrone
40 ml Wodka (vorzugsweise
»Bramburus« von Valentin Latschen aus Klagenfurt)
1 KL gemörserter Koriander

Gemüse

4 kleine Kohlrabi
Butter

Weiße Polenta

100 g Gailtaler Landmais
50 g Butter
Salz
250 ml Wasser
Hühnersuppe oder Selchfond
nach Bedarf
2–3 EL Butter
1–2 EL Parmesan

frisch gerissener Kren
braune Butter

Zubereitung

Kräuter grob hacken und mit den restlichen Zutaten vermischen. Eine säurefeste Wanne mit Frischhaltefolie auslegen, ein Lachsfilet einlegen (Hautseite nach unten) und mit der Beize bedecken. Das zweite Filet mit der Hautseite nach oben darauflegen und alles fest mit Frischhaltefolie verschließen. Nach 3 Stunden wenden und weitere 3 Stunden beizen.

Kohlrabi schälen, in Streifen schneiden und in Butter weich dünsten. Für die Polenta die vorgesehenen Flüssigkeiten samt Butter aufkochen, Polenta- bzw. Maisgrieß einkochen, durchrühren und quellen lassen. Mit frischer Butter und wenig Parmesan vollenden.

Låxn dünn aufschneiden und auf der warmen Polenta anrichten, mit frisch gerissenem Kren und brauner Butter servieren.

Saibling mit Krenkruste und Linsensoße

Zutaten für 4 Portionen

Fisch

4 Saiblingsfilets

Salz, Zitronensaft

Fischfond

Kruste

100 g Butter

3 EL Kren

60 g selbst gemahlene Semmelbrösel

Salz, Pfeffer aus der Mühle

Linsensoße

4 EL Butter

2 EL gehackte Schalotten

100 g Linsen

100 g Karotten-, Lauch- und Stangenselleriewürfel (ca. ½ cm groß)

Thymianblätter

2 EL Balsamico

abgeriebene Zitronenschale

40 ml Fischfond

wenig Maistärke

2 EL Kernöl

Zubereitung

Für die Kruste alle Zutaten miteinander vermischen, verkneten, zwischen Backtrennpapier dünn ausrollen und kühl stellen.

Für die Soße die Schalotten in Butter anlaufen lassen. Linsen und Gemüse zufügen, kurz anrösten und mit Fischfond aufgießen. Balsamico, Zitronenschale und Thymianblätter dazugeben und zugedeckt weich kochen. Leicht mit angerührter Stärke binden und mit restlicher Butter montieren.

Saibling würzen, Kruste passend für die Größe der Filets zuschneiden, auflegen und auf einem mit Fischfond begossenen Teller legen. Im vorgeheizten Backofen bei 180 °C (Oberhitze) grillen, bis die Kruste kleine Bläschen wirft. Dann ist der Saibling darunter optimal gegart.

Gefällig auf Tellern anrichten und sofort servieren.

Pochierte Gailtaler Lachsforelle
mit Blattspinat, kalter Petersilsoße und Safranerdäpfeln

Zutaten für 4 Portionen

Pochierte Lachsforelle
400 g Lachsforelle
Zitronensaft
Thymian
Salz
Fischfond

Petersilsoße
30 g trockenes, entrindetes Toastbrot
1 Bund glatte Petersilie
1 kleine Knoblauchzehe
100 ml Olivenöl
4 EL Hühnersuppe oder Fischfond

Blattspinat
250 g Blattspinat
1 kleine, gehackte Schalotte
2 EL Olivenöl
Salz, weißer Pfeffer aus der Mühle

Safranerdäpfel
4–8 kleine, speckige Erdäpfel
200 ml Hühnersuppe
etwas gehackter Fenchel
1 Prise Safranpulver
1 gehackte Knoblauchzehe
Salz

Zubereitung

Die Lachsforelle mit Zitrone, Thymian und Salz marinieren lassen. Kurz vor dem Servieren einige Minuten in heißem Fischfond pochieren.

Für die Soße alle genannten Zutaten im Mixer fein pürieren.

Gehackte Schalotte in einer Pfanne in Olivenöl anlaufen lassen. Den gewaschenen, verlesenen und getrockneten Blattspinat hinzufügen und kurz im eigenen Saft dünsten, bis er zusammenfällt; abschmecken.

Für die Safranerdäpfel aus der Suppe mit den Gewürzen einen Fond kochen und die geschälten sowie in Würfel geschnittenen Erdäpfel darin bissfest garen.

Alles gefällig anrichten und servieren.

Hotel Hochschober

Urlaub ist Genuss. Und Genuss hat auch viel mit kulinarischen Erlebnissen zu tun, weshalb im »Hotel Hochschober« gerade der Kulinarik ein besonderes Augenmerk geschenkt wird und man bestrebt ist, das Angebot möglichst abwechslungsreich zu gestalten.

So beginnt die Vielfalt schon beim Frühstück, das hier aus einem bunten Reigen von vielen verschiedenen Viktualien besteht. Einem Marktplatz gleich kann man sich durch allerlei Köstlichkeiten schlemmen, deren Ursprung zumeist (um nicht zu sagen fast ausschließlich) die Kärntner Heimat, ja sogar in den meisten Fällen die nähere Umgebung ist. Ein Traum an regionalen Spezialitäten, die von Kärntner Schinken und Speck über verschiedenste Wurst- und Käsesorten, hausgemachten Marmeladen, Säften und Müslivarianten bis hin zu einem beispiellosen Kaffee-Tee-heiße-Schokolade-Sortiment reicht. Es bedarf wohl keiner näheren Erklärung, dass die Küche des »Hochschober« – die neben aller Regionalität und Tradition auch bestrebt ist, dem Gesundheitsgedanken gerecht zu werden – fast ausschließlich heimische Fische verarbeitet.

Eine Spezialität des Hauses ist der Saibling aus dem Grünsee, einem kleinen See, der sehr idyllisch mitten im Wald (ganz in der Nähe vom »Hotel Hochschober«) gelegen ist. Aber auch Waller und Kärntner Bio-Karpfen sind in der Küche von Chef Josef Dorner gerne gesehen.

Hotel Hochschober
Familie Leeb und Klein
A-9565 Turracher Höhe 5
Telefon: +43 4275 82 13-531
www.hochschober.at

Grünsee-Saibling
mit Junglauchvinaigrette, Erdäpfelpüree und Spargel

Zutaten für 4 Portionen

Grünsee-Saibling

4 entgrätete Seesaiblingfilets vom Grünsee

Öl zum Braten

Salz

Erdäpfelpüree

400 g mehlige Erdäpfel

125 ml lauwarme Milch

50 g Butter

frisch geriebene Muskatnuss

Salz, weißer Pfeffer aus der Mühle

Junglauchvinaigrette

1 Stange in feine Würfel geschnittener Junglauch

1 EL frisch gehackte Kräuter (Bärlauch, Petersilie)

abgeriebene Schale einer halben unbehandelten Limette

1 entkernt, in feine Würfel geschnittene Tomate

1–2 EL rote und gelbe Paprikawürfel

kalt gepresstes Olivenöl

Apfelessig

1 TL Rohrzucker

Salz

250 g weißer Spargel aus dem Lavanttal

hausgemachte Erdäpfelchips

Zubereitung

Für die Vinaigrette alle genannten Zutaten in einer Schüssel vermischen und beiseitestellen. Für das Püree die ungeschälten Erdäpfel in Salzwasser weich kochen, schälen, passieren und mit Milch, Butter, Salz, Pfeffer, Muskatnuss zu einem flaumigen Püree verarbeiten.

Den Spargel schälen und in Salzwasser siedend garen. Den Seesaibling salzen und im Öl auf der Hautseite braten, kurz vor dem Anrichten wenden.

Auf vorgewärmten Tellern Erdäpfelpüree, Spargel, Seesaibling und Vinaigrette harmonisch anrichten. Zum Schluss je einen Erdäpfelchip als Garnitur ins Püree stecken.

Erdäpfelchips: Erdäpfel schälen und fein hobeln, etwa 30 Minuten in kaltes Wasser einlegen. Gut abtrocknen und portionsweise in heißem Öl frittieren. Mit Salz bestreuen.

Gegrilltes Wallerfilet mit Paprikakraut und Rollgerstl

Zutaten für 4 Portionen

Gegrillter Waller

4 Wallerfilets à ca. 120 g
Zitronensaft
Öl zum Braten
1 Knoblauchzehe
1–2 Thymianzweige
1–2 EL Butter
1 in Würfel geschnittene Schalotte
1–2 EL gehackte Petersilienblätter
Salz, weißer Pfeffer aus der Mühle

Paprikakraut

1 rote Paprika
1 gelbe Paprika
1 fein gewürfelte Zwiebel
1 fein gehackte Knoblauchzehe
2 EL Butter
200 g frisches Sauerkraut
4 Tomaten
1 Lorbeerblatt
Thymian nach Geschmack
6–8 Wacholderbeeren
700 ml Gemüsefond (vorzugsweise Tomatenfond)
1 kleiner, geschälter, roher Erdapfel
4 EL Rollgerste

Zubereitung

Zuerst das Paprikakraut vorbereiten. Hierfür die Paprikaschoten der Länge nach vierteln, von den Stengelansätzen und Kernen befreien und in größere Stücke zerteilen. Paprika zusammen mit Zwiebel und Knoblauch in heißer Butter kurz anschwitzen. Sauerkraut und geschälte, entkernte und gehackte Tomaten zufügen und alles mit Salz, Pfeffer, Thymian, Wacholderbeeren, Pfefferkörnern und Lorbeerblatt würzen. Gemüsefond dazugeben, alles aufkochen lassen. Erdapfel schälen, fein reiben und in das Paprikakraut rühren. Etwa 1 Stunde leise köcheln lassen und dabei hin und wieder probieren und nachwürzen.

Die Rollgerste etwa 10 Minuten in lauwarmem Wasser einweichen, bis sie leicht aufgequollen ist. Abtropfen lassen und in sprudelnd kochendem Salzwasser in etwa 20 Minuten gar, aber nicht zu weich kochen. Zum Schluss unter das fertige Sauerkraut mischen und dabei eventuell Kräuter und Gewürze aus dem Kraut entfernen.

Die Wallerfilets mit Salz, Pfeffer und Zitronensaft würzen und im Öl auf der Hautseite kross anbraten. Ungeschälte Knoblauchzehe und Thymianzweige dem Bratfett zugeben. Die Butter im Bratfett aufschäumen lassen und den Fisch mehrmals damit übergießen. Falls nötig, die Wallerfilets einmal wenden. Zum Schluss Thymianzweig(e) und die Knoblauchzehe entfernen und die Schalottenwürfel samt Petersilie hinzufügen.

Paprikakraut auf vier vorgewärmte Teller verteilen, die Wallerfilets darauf anrichten und mit der Schalotten-Petersilien-Butter begießen. Sofort servieren.

Kärntner Bio-Wurzelkarpfen

Zutaten für 4 Portionen

1 kg Bio-Karpfenfilet von der Fischzucht Payr aus der Teichwirtschaft Strußnighof
150 g grob gehackte Zwiebel
150 g Wurzelwerk (Karotten, Sellerie, Gelbe Rüben, Lauch)
70 g Butter
10 Pfefferkörner
2 Lorbeerblätter
etwas gehackte Thymianblätter
300–500 ml Essig
1 l Wasser oder Gemüsefond
gehackte Petersilienblätter
frisch gerissener Kren
Salz

Zubereitung

Karpfen in Portionsstücke von je 250 g schneiden. Wasser oder Gemüsefond, die Hälfte der Zwiebelmenge und die Gewürze zusammen aufkochen. 10 Minuten ziehen lassen, dann den Essig dazugeben. Die mehrmals an der Haut eingeschnittenen Karpfenstücke in den Sud legen und knapp unter dem Siedepunkt ziehen lassen.

In der Zwischenzeit das Wurzelgemüse in feine, etwa 5 cm lange Streifen schneiden, in der Hälfte der Butter andünsten, etwas Karpfensud darübergeben und knackig fertig dünsten.

Die Karpfenstücke aus dem Sud heben und in vorgewärmten tiefen Tellern anrichten. Die Gemüsestreifen gefällig darüber anrichten. Mit gerissenem Kren, brauner Butter und gehackten Petersilienblätter vollenden. Zu diesem Gericht passen Salzerdäpfel.

Fischrestaurant Sicher

Der Name Sicher steht in der Welt der Genüsse zunächst einmal für eines, nämlich den berühmten »Sicher-Kaviar«. Heute ist die Idylle im Jauntal auch eine Adresse für Gourmets, denn das »Restaurant Sicher« – mit Michael Sicher als Küchenchef – gehört mittlerweile zu den besten Fischlokalen Österreichs.

1972 übernahm Alfons Sicher mit seiner Frau Erna ein altes Sägewerk und machte daraus mit seinem Künstlerfreund H. Philip einen Gastbetrieb, ohne dabei die urigen Gemäuer und die hölzerne Innenarchitektur zu zerstören. Wenige Jahre später wurden dann in Ufernähe des Quellwasser führenden Weißenbaches die ersten Fischbecken angelegt, um eine Forellen- und Saiblingszucht aufzubauen. Neben dem ständig frischen Quellwasser sorgt moderne Technik für den optimalen Sauerstoffgehalt der Becken – beides wichtige Faktoren für die Aufzucht der Fische und Garanten für allerhöchste Kaviar-Qualität.

Ab Mitte November beginnt die Gewinnung des Saiblingskaviars, jenem »kulinarischen Gold«, das von Feinschmeckern aus aller Welt so sehr begehrt wird. Im Freien – zuweilen bei klirrender Kälte – werden die Fische mit einem Netz eingefangen, auf einen Tisch gebettet und zunächst einmal mit Streicheleinheiten beruhigt. Dann werden mit sanftem Druck auf den Bauch des Fisches die Eier bis auf das letzte Korn entnommen (sonst könnte es zu Entzündungen kommen). Und weil der Saibling dabei nicht sein Leben lassen muss, darf er wenige Augenblicke später wieder munter im Wasser schwimmen. Der ganze Prozess ist reine Handarbeit, schon allein deshalb kann der Saiblingskaviar niemals zu einem Massenprodukt werden.

Schließlich wird der Kaviar leicht gesalzen und nach einem geheimen Hausrezept pasteurisiert. Das Salz konserviert nicht nur, sondern hebt zugleich den feinen Eigengeschmack, wobei gilt: Je milder der Rogen gesalzen ist, desto mehr tritt sein einzigartiger Eigengeschmack in den Vordergrund. Guter Kaviar sollte im Geschmack daher mild und fein sein, dabei weder sauer noch bitter schmecken. Die Körner müssen weiters schön glasig, prall und trocken sein. Puristen lieben es, wenn der Kaviar in großen Mengen serviert wird – und das solo!

Fischrestaurant Sicher
Mühlenweg 2
A-9121 Tainach
Tel.: +43 4239 26 38
www.sicherrestaurant.at

Sicher
KAERNTEN KAVIAR

Saiblingscarpaccio mit Saiblingskaviar

Zutaten für 4 Portionen

80 g Saiblingskaviar
400 g Saiblingfilet
100 ml Olivenöl
4 EL Sauerrahm
Saft einer Limette
1 fein gehackte Schalotte
1 EL gehackte Kräuter
Salz, Pfeffer aus der Mühle

Zubereitung

Mit einem scharfen Messer hauchdünne Scheiben vom Saiblingsfilet schneiden und auf einen Teller geben.

Für die Marinade Olivenöl, Schalotte, Limettensaft und Kräuter mit einem Pürierstab mixen und gleichmäßig auf die Fischscheiben verteilen.

Mit Salz sowie Pfeffer würzen und mit je 1 EL Sauerrahm und Kaviar in der Mitte anrichten. Nach Belieben garnieren.

Kärntner Sashimi

Zutaten für 4 Portionen

Sashimi

200 g Bachforellenfilet
200 g Bachsaiblingsfilet
200 g Räuchertofu
200 g Seeforellen Filet (gebeizt nach Gravad-Art und eingerollt)
100 g gekochte, in Essig und Öl marinierte Glasnudeln
in Essig und Öl marinierte Melonenstreifen und wilder Spargel

100 g Saiblingskaviar
100 g Kaviar vom Låxn
100 g Albinokaviar

Wasabi-Espuma

250 ml Joghurt
125 ml Sauerrahm
1 EL Wasabipulver
3 Blatt Gelatine
Salz, Pfeffer aus der Mühle

Rote-Rüben-Espuma

125 ml Rübensaft
3 EL frisch gerissener Kren
250 ml Sauerrahm
3 Blatt Gelatine
Salz, Pfeffer aus der Mühle

Zubereitung

Für die Espumas jeweils die Gelatine in kaltem Wasser einweichen, die restlichen Zutaten mit einem Pürierstab mixen und mit der Gelatine versetzen. Jede Masse durch ein feines Sieb drücken und in eine ISI–Flasche füllen. Für 3 Stunden in den Kühlschrank stellen.

Fischfilets enthäuten, entgräten und in gleichmäßige Streifen schneiden. Mit dem marinierten Spargel sowie den Melonenstreifen auf Tellern anrichten.

Glasnudeln und die verschiedenen Kaviarsorten ebenfalls anrichten. Zum Schluss die beiden Espumas beigeben.

See-Villa Tacoli

Es gibt Orte auf dieser Welt, die schlicht und einfach einzigartig sind. Zu diesen gehört wahrscheinlich auch die »See-Villa« in Millstatt, die bis heute von Anton Graf Tacoli geleitet wird. Betritt man das Anwesen, so fühlt man sich sofort um ein Jahrhundert zurückversetzt und die damalige Zeit scheint hier stehen geblieben zu sein. Keine Hektik, nur da Moderne, wo es notwendig erscheint und ansonsten Ruhe und Entspannung. Was das Platzerl aber so verträumt macht, ist die wunderschöne Seeterrasse, die direkt am Ufer des Millstätter Sees gelegen ist. Wer Touristenrummel wünscht, ist hier fehl am Platz. Hierher kommt, wer Ruhe sucht.

Auch die Küche des Hauses setzt auf Bewährtes und Traditionelles. Wenig verwunderlich, dass Millstätter Fische auch hier einen Schwerpunkt auf der Karte bilden. Neben der im Ganzen gebratenen Reinanke (zuweilen werden schon mal derart kapitale Fische aufgetischt, dass diese für zwei Personen reichen!) und dem geräucherten Waller sind es die marinierten Aitel (ähnlich zubereitet wie die marinierten Weißfische auf Seite 79), die man hier genossen haben sollte. Und solch ein Fischmenü schmeckt auf der Seeterrasse gleich nochmal so gut!

See-Villa Millstatt
Anton Graf Tacoli
Seestraße 68
A-9872 Millstatt
Tel.: +43 4766 21 02
www.see-villa-tacoli.com

Christian

Im Ganzen gebratene Reinanke

Zutaten für 2 Portionen

1 Reinanke (ca. 800 g)
Zitronenscheiben
Petersilienstängel
Salz
Öl oder Butterschmalz zum Braten
eventuell Mehl

Butter- oder Petersilerdäpfel
als Beilage

Zubereitung

Den möglichst fangfrischen Fisch schuppen, sauber ausnehmen, putzen, waschen und trocken tupfen. Die Reinanke innen und außen salzen, dann einige Zitronenscheiben und Petersilienstängel in die Bauchhöhle geben.

Nun kann man den Fisch entweder auf einer Grillplatte oder über Holzkohle grillen (dabei immer wieder mit Öl einpinseln) oder man bemehlt den Fisch auf beiden Seiten ganz zart und brät ihn in einer ausreichend großen Pfanne beidseitig in Butterschmalz, bis er schön goldbraun ist.

Zu diesem Schmaus serviert man am besten Butter- oder Petersilerdäpfel. Wer mag, reicht zerlassene Butter oder Olivenöl dazu.

Feld am

Das Fischfest in Feld am See

Einmal jährlich – immer am zweiten Samstag im August – wird im malerisch gelegenen Ort Feld am See ein ganz besonderes Fischfest abgehalten, das mittlerweile weit über Kärntens Grenzen hinaus bekannt ist und nicht nur von den Einheimischen, sondern auch von vielen Touristen gerne frequentiert wird.

Im Zentrum stehen natürlich die Spezialitäten rund um den Kärntna Låxn, denn der hat in der Fischzucht von Andreas Hofer ganz in der Nähe sein Refugium. Aber auch der Millstätter Reinanke, dem Karpfen und last, but not least Forelle und Saibling kommt eine große Bedeutung zu. Sie werden zu allerlei kulinarischen Köstlichkeiten verarbeitet, die vor Ort – frisch aus Ofen, Topf oder Riesenpfanne – verkostet und genossen werden können.

fisch
fest
Feld am
SEE

ARGE Fischfest
Andreas Hofer
Millstätterstraße 77
A-9544 Feld am See

Roh marinierte Reinanke/Renken nach Matjes Art

(Rezept vom Autor)

Die Bezeichnung »Renken nach Matjesart« ist nicht ganz richtig. Es handelt sich hierbei zwar ebenfalls um roh marinierte Fische, doch verläuft der Reifeprozess anders. Beim Matjes ist der sogenannte Kehlschnitt die Besonderheit, denn durch diesen bleibt die Bauchspeicheldrüse im Fisch erhalten, die sogenannte proteolytische Enzyme enthält, welche für das einzigartige Aroma des Matjes sorgen. Dies ist bei den Millstätter Renken nicht der Fall.

Hier versteht man unter den »Renken nach Matjesart« sauber parierte Renkenfilets, die mit Salz und etwas Zucker eingebeizt werden. Tatsächlich reift das Fleisch derart, dass es von der Konsistenz (und ein wenig auch vom Geschmack) her an Matjes erinnert.

Es gibt zwei Varianten, wie man diese Köstlichkeit zubereiten kann.

Variante 1 (sofort zu verbrauchen)

Renken sauber filetieren, häuten und gründlich säubern bzw. waschen. Die Renkenfilets mit eher viel Salz und eher wenig Zucker bestreuen, in einen Frischhaltebeutel (oder eine Plastikschüssel) füllen und im Kühlschrank eine Nacht durchziehen lassen. Am nächsten Tag die Fischfilets abspülen und mit Kräuter-Sauerrahm und Zwiebelringen auftischen.

Tipp

Wer mag, kann die Filets auch 2–3 Tage reifen lassen, abspülen, vakuumieren und derart bis zu einer Woche nachreifen lassen.

Variante 2 (zum längeren Aufbewahren)

1 kg sauber parierte Fischfilets in einer Lake aus 1 l Wasser (Verhältnis Filets:Wasser 1:1), 100–120 g Salz und 50 g Reifeintensor einlegen und bei 8–10 °C 60–80 Stunden marinieren – dabei täglich ein- bis zweimal umrühren. Nach der Reifezeit die Fischfilets kurz wässern und anschließend in gutes Pflanzenöl einlegen; so halten sie knapp bei 4 °C im Kühlschrank ca. 4 Wochen. Man kann die Filets auch vakuumieren und einfrieren.

Tipp

Es gibt Reifeintensoren mit Konservierungsstoffen (60.000 EC+K) und ohne Konservierungsstoffe (60.000 EC), zudem sogenannte Kräuter-Matjesreifer mit verschiedenen Aromastoffen. Eine Bezugsquelle für Intensoren wäre z. B. www.nesse.de.

Kärntner Räucherfischnudel

Zutaten für 4 Portionen

Nudelteig

1 kg glattes Weizenmehl
2–3 Eier
2–3 EL Öl
10–15 g Salz
Wasser nach Bedarf

Fülle

300–400 g Räucherfischfilet (Forelle, Saibling, Lachsforelle etc.)
400–500 g mehlige Erdäpfel
125 g Bröseltopfen
125 g Sauerrahm
75 g zerlassene Butter
2 Eier
2 EL gehackte Kräuter (Kerbel, Schnittlauch, Petersilie)
1–2 EL fein gehackte Schalotten
1–2 zerdrückte Knoblauchzehen
frisch geriebene Muskatnuss
Salz, Pfeffer aus der Mühle

Zubereitung

Alle Teigzutaten zu einem glatten, mittelfesten, eher weichen Nudelteig zusammenkneten, in Frischhaltefolie einwickeln und 1 Stunde an einem kühlen Ort rasten lassen.

Währenddessen die Fülle vorbereiten. Erdäpfel kochen, schälen und passieren. Erdäpfelmasse mit sauber pariertem und mit einer Gabel zerdrücktem Räucherfischfilet, Topfen, Sauerrahm, zerlassener Butter, Eiern, Kräutern, sehr fein gehackten Schalotten und zerdrücktem Knoblauch zu einer homogenen Fülle verarbeiten; mit Muskatnuss, Pfeffer und Salz abschmecken.

Teig mithilfe eines Rollholzes mit möglichst wenig Mehl messerrückendick ausrollen und in gleichmäßige Quadrate schneiden. Auf jeden Teigfleck 1 EL Fülle setzen, zu Halbmonden zusammenklappen und den Rand gut zusammendrücken – nach Wunsch krendeln.

Man kann den Teig auch mit einer Nudelmaschine zu zwei dünnen Teigbahnen ausrollen, eine Bahn in regelmäßigen Abständen mit Füllung belegen und mit der zweiten Teigbahn abdecken und den Teig um die Füllung herum andrücken und die Nudeln ausradeln.

Fischnudeln in leicht gesalzenem Wasser gar ziehen lassen, mit einer Schaumkelle herausfischen und auf Tellern anrichten. Mit brauner Butter übergießen und mit Schnittlauchröllchen garnieren.

Fischstrudel

Zutaten für 4 Portionen

350 g Blätterteig
500 g Kärntna Låxn
(ohne Haut und Gräten)
2 geräucherte Forellenfilets
2 geräucherte Saiblings-
oder Reinankenfilets
125 ml Schlagobers
125 ml Milch
125–150 g glattes Weizenmehl
50 g Butter
4 Eier
1 Eidotter
reichlich Petersilie
frisch geriebene Muskatnuss
Salz, weißer Pfeffer aus der Mühle

ein mit etwas Wasser verrührtes
Ei zum Bestreichen
Kräuterremoulade, Dill-, Schnittlauch-
oder Basilikumsoße

Zubereitung

Milch zum Kochen bringen. Butter zerlassen und mit dem gesiebten Mehl und zwei Eiern glatt rühren. Nach und nach die kochende Milch einrühren und auf der Kochstelle so lange weiterrühren, bis sich die Masse von Geschirr und Kochlöffel löst. Mit frisch geriebener Muskatnuss, Pfeffer aus der Mühle und Salz würzen, danach erkalten lassen.

Das schiere Fleisch vom Kärntna Låxn fein mixen, danach mit den restlichen Eiern, dem Dotter sowie der vorbereiteten Masse glatt verrühren und nochmals abschmecken.

Petersilie sehr fein hacken, Räucherfisch häuten und entgräten. Blätterteig auf einer bemehlten Arbeitsfläche sehr dünn zu einem Rechteck ausrollen und gleich schneiden; aus den Teigresten Streifen zum späteren Verzieren herstellen und beiseitelegen.

Fischfarce in einen Spritzsack ohne Tülle füllen, die Hälfte davon der Länge nach auf die Teigflächen dressieren (in zwei Bahnen) und mit Petersilie bestreuen. Die Räucherfischfilets darauf betten, mit Petersilie bestreuen und die restliche Fischmasse auf die Fischfilets dressieren. Den Teig darüberschlagen, zu einem Strudel formen und mit der Teignaht nach unten auf ein mit Backpapier ausgelegtes Backblech legen.

Strudel mit dem verquirlten Ei bestreichen und mit den zurückbehaltenen Teigstreifen verzieren; Teigstreifen ebenfalls mit Ei bepinseln. Strudel an der Oberfläche mehrfach mit einer Gabel einstechen, anschließend 30 Minuten rasten lassen. Den Fischstrudel im vorgeheizten Ofen bei 200 °C 35–40 Minuten backen, bis er goldbraun ist. Auf dem Backblech etwas entspannen lassen, dann aufschneiden und mit einer Soße nach Wahl auftischen.

Kärntner Fischnudel

Zutaten für 4 Portionen

Nudelteig

500 g griffiges Weizenmehl
1–2 Eier
1–2 EL Öl
1 TL Salz
etwas Wasser nach Bedarf

Fülle

300 g kalter Kärnta Låxn
300 ml kaltes Schlagobers
Spritzer Zitronensaft
gehackte, frische Kräuter nach Belieben (Kärntner Nudelminze, Liebstöckel, Dille, Kerbel, Petersilie, Schnittlauch u. a.)
frisch geriebene Muskatnuss
Salz, weißer Pfeffer aus der Mühle

Braune Butter zum Übergießen
oder eine Oberssoße
Kaviar vom Kärntna Låxn (ersatzweise Saiblings- oder Forellenkaviar)

Zubereitung

Aus den angegebenen Zutaten einen mittelfesten Nudelteig kneten. Zu einer Kugel formen, in Frischhaltefolie einwickeln und 30–60 Minuten im Kühlschrank rasten lassen.

Für die Fülle müssen Obers und Fischfilet sehr gut gekühlt sein. Den Fisch häuten, entgräten und danach nochmals ins Gefrierfach legen, damit er wirklich eiskalt ist (nicht gefroren). Gut gekühlten Fisch und Obers im Cutter schnell fein pürieren, danach die Farce wieder kühlen.

Nudelteig messerrückendick ausrollen und Kreise von ca. 10 cm Durchmesser ausstechen. Füllung mit Zitronensaft, gehackten Kräutern, Muskatnuss, Pfeffer aus der Mühle und Salz abschmecken. Etwa einen knappen Esslöffel Fülle auf jeden Teigkreis setzen, zu Halbmonden zusammenklappen und den Rand fest zusammendrücken – nach Belieben den Rand krendeln.

Salzwasser in einem großen Topf aufkochen lassen, die Nudeln darin 10–12 Minuten garen, danach abtropfen lassen und entweder mit brauner Butter übergießen oder in einer Oberssoße schwenken. Auf Tellern anrichten und mit Kaviar garniert servieren.

TIPP

Wer bei der Fülle auf Nummer sicher gehen will, der weicht 150 g altbackenes Weißbrot in kräftigem Fischfond ein und mischt dieses gut ausgedrückt und durch den Fleischwolf gedreht oder gecuttert zusammen mit 1–2 Eiern unter die Fischmasse.

Bezugsquellen

Fischer, Fischzüchter und Fischveredler

Alpenlachs Soravia GmbH
Thomas-Klestil-Platz 3
A-1030 Wien
www.alpenlachs.at

ARGE Kärntna Låxn
(Fischzucht Feld am See)
Andreas Hofer
Millstätter Str. 77
A-9544 Feld am See
Tel.: +43 4246 23 45
E-Mail: info@laxn.at

Bachmann's
Peter Bachmann
Obervellach 33
A-9620 Hermagor
Tel.: +43 4282 20 69
www.biolachs.at

Johann Gigler
A-9854 Malta
Tel.: +43 4733 368

Siegfried Glanznig
Dornbach 9
A-9853 Gmünd
Tel.: +43 4732 26 41

Millstätter Fisch
Georg Dabernig
Lechnerschaft 89
A-9872 Millstatt
Tel.: +43 676 566 40 34

Fischereibetrieb Markus Payr
Neu Albeck 10
A-9571 Sirnitz
Tel.: +43 664 793 54 52
www.fischspezialist.at

Mag. Gert Prohaska
Tel.: +43 676 83 52 03 36
E-Mail: mail@kaerntner-krebse.at

Sicher KG/Fischrestaurant Sicher
Mühlenweg 2
A-9121 Tainach
Tel.: +43 4239 26 38
E-Mail: office@sicherrestaurant.at

weissen-see-fisch
Fischereibetrieb Mag. Martin Müller
Neusach 106
A-9762 Weißensee
Tel.: +43 4713 213 05
E-Mail: weissenseefisch@aon.at

Wilder Fisch GmbH
Süduferweg 134
A-9871 Seeboden
www.wilderfisch.at

Zerza Fische
Famile Trojer
Anraun 2
A-9631 Waidegg
Tel.: +43 4284 414

Wirtshäuser und Restaurants

Der Tschebull – Familie Tschemernjak
Egger Seeuferstraße 26
A-9580 Egg am Faaker See
Tel: +43 4254 219
Fax: +43 4254 21 91-37
www.tschebull.com

Gasthof Dråge
Heinz Gell
Rottensteinerweg 1
A-9546 Bad Kleinkirchheim
Tel.: +43 (42 40) 277
E-Mail: gasthof.drage@aon.at

Gasthof Liegl
St. Peter bei Taggenbrunn 2
A-9313 St. Georgen am Längsee
Tel.: +43 4213 21 24
www.gasthof-liegl.at

Grandhotel Lienz
Fanny-Wibmer-Pedit-Straße 2
A-9900 Lienz
Tel.: +43 4852 640 70
www.grandhotel-lienz.com

Hotel Die Forelle
Techendorf 80
A-9762 Weißensee
Tel.: +43 4713 23 56
www.forellemueller.at

Hotel Hochschober
Familie Leeb und Klein
A-9565 Turracher Höhe 5
Telefon: +43 4275 82 13-531
www.hochschober.at

Hotel Schloss Seefels
Besitz- und Management GmbH
Töschling 1
A-9210 Pörtschach
Techelsberg am Wörthersee
Tel.: +43 4272 23 77
www.seefels.com

La Balance
Familie Andrea und Karl Grossmann
Winklerner Straße 68
A-9210 Pörtschach
Tel: +43 4272 24 79
www.balancehotel.at

Restaurant & Landhaus Kellerwand
Sissy und Stefanie Sonnleitner
A-9640 Kötschach-Mauthen
Tel.: +43 4715 269
www.sissy-sonnleitner.at

Schloss Velden
A Capella Hotel
Schlosspark 1
A-9220 Velden
T +43 4274 520 00-5212
www.capellaschlossveldenhotel.at

See Villa Millstatt
Anton Graf Tacoli
Seestraße 68
A-9872 Millstatt
Tel.: +43 4766 21 02
www.see-villa-tacoli.com

Küchendolmetscher

Brösel	Paniermehl
Dille	Dill
Eierschwammerl	Pfifferling
Eiklar	Eiweiß
Erdapfel	Kartoffel
faschieren	durch den »Fleischwolf« drehen, sehr fein hacken
Fisolen	Prinzessbohnen
Germ	Hefe
Glucose	Stärkesirup
Hadn	Buchweizen
Kletzen	Dörrzwetsch(g)en
Kren	Meerrettich
Marillenmarmelade	Aprikosenkonfitüre
Maroni	Esskastanie
Petersilwurzel	Wurzelpetersilie
Rote Rübe	Rote Bete
Sauerrahm	saure Sahne
(Schlag-)Obers	süße Sahne
Selchroller	gepökelter Schweinerollbraten
Semmel	Brötchen
Staubzucker	Puderzucker
Sterzmehl	Polenta, Maisgrieß
Topfen	Quark
Zwetschke	Zwetsch(g)e, Pflaume
EL	Esslöffel
TL	Teelöffel
KL	Kaffeelöffel
P.	Packung, Päckchen
Msp.	Messerspitze

Fischfond

Für ca. 500 ml 2 EL Butter oder Öl in einer Kasserole erwärmen, 250 g klein gehackte, gut gewässerte und abgetropfte Fischkarkassen zugeben und darin andünsten. 50 g grob geschnittene Zwiebeln, 50 g grob geschnittenes Wurzelgemüse sowie einige Petersil- oder Dillstängel dazugeben. Mit einem Schuss Weiß- oder Rotwein ablöschen (je nach dem, für welches Rezept der Fond verwendet wird; man kann den Wein auch komplett weglassen und stattdessen Saft und Schale einer halben unbehandelten Zitrone nehmen), kurz einkochen lassen und mit sehr kaltem Wasser (am besten mit Eiswürfeln versetzt) ablöschen. Gewürze (Lorbeerblätter, Wacholderbeeren, etwas Nelke, weiße Pfefferkörner) sowie etwas geschnittenen Knoblauch beigeben. Kurz aufkochen lassen und auf kleiner Flamme 30 Minuten köcheln lassen. Währenddessen wiederholt Schaum abschöpfen. Durch ein feuchtes Etamin oder feines Sieb abseihen und bis zur gewünschten Konzentration (Geschmack) einkochen lassen. Kalt stellen und erst bei der weiteren Verwendung salzen. In kleine Eiswürfelsäckchen abfüllen, tiefkühlen und bei Bedarf verwenden.

Schröpfen

Seitliches Einschneiden, wodurch die Gräten gekürzt und in weiterer Folge durch die Zugabe von Zitrone und die Hitzeeinwirkung weich werden und beim Verzehr kaum noch spürbar sind.

Rezepte von A bis Z

Impressum

Friedensgasse 23, A-9020 Klagenfurt, office@verlagheyn.at, www.verlagheyn.at

Die Deutsche Bibliothek – CIP-Einheitsaufnahme
Die Deutsche Bibliothek verzeichnet diese Publikationen in der Deutschen Nationalbibliografie; detaillierte bibliografische Daten sind im Internet über http://dnb.ddb.de abrufbar.

Fotos: Ferdinand Neumüller, Fotoarchive Schloss Velden Seespitz (S. 22 rechts), Hotel Schloss Seefels (S. 62)
Lektorat, Umschlag und Layout: Jürgen Ehrmann, media-solutions.at

Druck und Bindung: Druckerei Theiss GmbH, St. Stefan im Lavanttal
Printed in Austria

ISBN: 978-3-7084-0377-9